JN441062

The Leader's Soul

리더를 만드는
보이지 않는 힘

James Shin 저
신재훈 역

박영사

"부모님과 아내 은주, 그리고 딸 개비에게
- 제 삶에 가장 큰 사랑과 영감을 주는 당신들께
이 책을 바칩니다."

추천사

주영섭(서울대 특임교수, 전 중소기업청장)

제임스 신(James Shin)의 역작 『리더를 만드는 보이지 않는 힘(The Leader's Soul)』의 한국어판 출간을 축하합니다. 리더십의 중요성이 더욱 부각되는 예측불허의 대전환 시대에 우리 국내 독자 여러분께 리더십의 다양한 관점을 제시해 줄 신간을 진심으로 추천 드립니다.

이 책에서 제임스는 직함과 성과 너머에 있는 리더십의 본질, 곧 '영혼'을 다시 발견하도록 이끌어 줍니다. 세계적 기업에서 25년 이상의 오랜 경력에서 쌓은 풍부한 경험과 깊은 성찰을 바탕으로, 그는 리더십이 단순히 타인을 이끄는 기술이 아니라 스스로를 다스리는 길임을 일깨워 줍니다. 각 장마다 실천적 지혜와 시대를 초월한 진리가 어우러져, 독자로 하여금 감동과 깨달음을 함께 느끼게 합니다.

아울러 인생은 지속적인 배움과 성장, 그리고 발견의 여정이라는 것을 잘 말해 주고 있습니다. 특히 어디에서나 '사람'이 기본이고 중요하다는 점을 강조하고 있습니다. 언제나 좋은 사람들이 주변에 있기에 우리가 그 사람들을 발견하여 미래의 리더들과 세대를 돕고 육성해야 한다고 설파하고 있습니다. 이를 위해서는 자신의 정신적 · 신체적 건강을 항상 유지하도록 노력해야 한다고 힘주어 얘기합니다.

제임스의 이야기는 진솔하고 겸손하며, 깊은 사색을 이끌어 냅니다. 그는 이론이 아닌 경험으로 말합니다 — 도전과 성장, 그리고 믿음 속에서 얻은 삶의 지혜로 말이지요. 독자들은 이 책을 통해 스스로 멈춰 서서 되돌아보고, 진정한 리더십의 의미를 다시 생각해 보게 될 것입니다.

저는 제임스와 미국 펜실베이니아 주립대에서 박사과정을 같이 마치고 제임스가 미국 굴지의 기업에서 오랜 기간 근무하는 동안 많은 의견을 나눴습니다. 그 과정에서 실력과 역량, 진정성과 인성을 두루 갖춘 제임스가 훌륭한 리더임을 알게 되었습니다.

진정성과 온전함이 어느 때보다 절실히 요구되는 이 시대에, 『리더를 만드는 보이지 않는 힘』은 우리 내면의 여정을 위한 신선하고 의미 있는 안내서가 될 것입니다. 지혜와 용기, 그리고 따뜻한 마음으로 리더십을 실천하고자 하는 모든 분께 이 책을 자신 있게 추천 드립니다.

추천사

김광재(포항공과대학교 산업경영공학과 교수)

저는 지난 30여 년 동안 제임스 신(James Shin) 박사의 학문적 성장과 삶을 가까이에서 지켜보며, 깊은 학문적 교류와 소중한 인간적 유대를 이어 왔습니다. 그는 언제나 배움과 성장을 멈추지 않았고, 리더로서의 삶을 통해 얻은 통찰을 진솔하고 따뜻한 언어로 세상과 나누고자 했습니다. 『리더를 만드는 보이지 않는 힘』(The Leader's Soul)은 그러한 그의 삶과 사유가 응축된 기록이자, 리더십의 본질을 향한 깊은 성찰의 결과물입니다.

이 책에서 저자는 오랜 실무 경험과 삶의 성찰을 통해 "리더십은 자기 자신을 넘어서는 일(leading beyond yourself)"임을 일깨웁니다. 조직의 성과를 넘어 사람의 성장에 관심을 두고, 때로는 멈추어야 할 때를 아는 지혜와 용기를 이야기합니다. 또한 "악보 너머의 음악(The music beyond the notes)"이라는 표현처럼, 완벽함보다 진정성과 회복력, 그리고 사람 사이의 울림을 더 소중히 여깁니다.

그의 글에는 꾸준히 배우려는 자세, 두려움을 책임감으로 승화시키는 태도, 그리고 리더십의 본질을 인간에 대한 따뜻한 이해에서 찾는 철학이 녹아 있습니다. 이 책은 단지 리더가 되는 방법을 말하는 책이 아니라, “어떤 사람으로 살아갈 것인가”라는 근본적인 질문을 던지는 깊은 성찰의 여정입니다.

저는 지난 세월 동안 한 연구자가 어떻게 탁월한 리더이자 성숙한 인간으로 성장해 왔는지를 지켜보았습니다. 그 오랜 시간의 결실이 이 책으로 세상에 전해지는 것을 진심으로 축하하며, 이 책이 많은 이들에게 리더로서, 그리고 한 인간으로서의 영혼의 울림을 선사하리라 믿습니다.

“ *인생은 초콜릿 상자와 같다.*
무엇을 집게 될지 아무도 모른다. ”

— 포레스트 검프(Forrest Gump)

서문

누군가는 인생이 놀라움으로 가득하다고 말합니다. 정말 그렇습니다. 제가 이 책을 쓰게 된 이유도, 삶은 끊임없는 배움과 성장, 그리고 발견의 여정이라고 믿기 때문입니다. 그 여정 속에서 저는 크고 작은 깨달음을 얻었습니다. 개인적인 경험이든, 직업적인 도전이든, 책과 영화에서 얻은 통찰이든, 때로는 마음에 깊이 남은 한 문장이든 — 그 모든 순간이 저를 지금의 사람으로 만들어 주었습니다. 그 경험들은 불확실한 시기를 헤쳐 나갈 힘이 되었고, 리더십을 이해하고 실천하는 길잡이가 되었으며, 사람에 대한 이해를 더 깊게 해 주었습니다. 저는 그 순간들을 기록하기 시작했고, 곱씹으며 글로 정리했습니다. 그렇게 이 책이 만들어졌습니다. 처음부터 거창한 계획이 있었던 것이 아니라, 누군가에게 조금이라도 도움이 되기를 바라는 마음으로 모은 작은 통찰들입니다.

저는 서울에서 태어나 자랐습니다. 1994년 여름, 인천국제공항이 생기기 전이었으니 김포공항이 유일한 국제공항이던 시절이었습니다. 그날, 가족과 함께 미국으로 떠날 준비를 하고 있었습니다. 펜실베이니아 주립대학교(Penn State)에서 산업공학 박사과정을 시작하려던 참이었죠. 그 외의 미래는 온통 불확실했습니다.

영어도 서툴렀고, 해외여행은 처음이었으며, 미국 문화에 대해서도 거의 몰랐습니다. 그런데도 설렘이 더 컸습니다. 제가 얼마나 자신감 있게 보였던지, 제 뒤에 서 있던 한 학생의 아버지가 "우리 아들이 미국에 처음 가니 비행기에서 좀 챙겨달라"고 부탁하셨습니다. 저는 웃으며 "저도 처음입니다"라고 말씀드렸습니다. 우스웠지만, 그 순간은 백지의 캔버스 앞에 선 기분이었습니다. 무한한 가능성으로 채워질 준비가 된 캔버스 말입니다.

박사 학위를 마친 뒤에는 대부분의 시간을 캐터필러(Caterpillar Inc.)에서 보냈습니다. 직무 변경과 해외 파견을 포함해 일곱 번 근무지를 옮겼고, 개인적으로나 직업적으로 늘 배움의 기회가 있었습니다. 어려운 순간도 많았지만, 돌이켜보면 그 어떤 경험과도 바꾸고 싶지 않은 소중한 여정이었습니다.

그 여정에서 얻은 가장 큰 교훈은 '좋은 사람은 언제나 곁에 있지만 우리가 그들을 알아보아야 한다'는 것이었습니다. 힘든 시기를 버틸 수 있었던 것도 그 여정에서 만난 놀라운 사람들의 도움 덕분이었습니다. 또 하나는, 사람은 결국 사람이라는 사실입니다. 저는 한국, 펜실베이니아, 노스캐롤라이나, 일리노이, 미시시피, 텍사스, 중국 등 여러 곳에서 살았습니다. 배경과 문화, 관심사가 달라도 인간적인 면에서는 모두 통했습니다. 그 깨달음이 저를 성장시켰고, 더 나은 리더로 이끌었습니다.

다양한 사람들과 깊이 교류한 첫 경험은 펜실베이니아 주립대에서였습니다. 전 세계에서 모인 학생들과 공부하고 토론하면서, 서로 다른 나라와 민족, 언어, 문화를 접했습니다. 한국에서 온 저에게 이 다양성은 완전히 새로운 세상이었습니다. 다양성과 포용의 힘을 몸으로 느꼈고, 서로에게 배우며 건강한 토론을 통해 함께 성장했습니다. 이 경험은 직장 생활에서도 큰 사산이 되었습니다. 다양한 사람들과 함께 일하며 서로의 관점을 존중할 때 더 나은 성과가 나온다는 사실을 깨달았습니다. 지금도 펜실베이니아 주립대에서 만난 친구 몇 명과 소중한 인연을 이어 가고 있습니다.

또 하나의 전환점은 캐터필러에서 보낸 시간이었습니다. 특별한 한 장면이라기보다, 수많은 경험이 쌓여 저를 바꾸었습니다. 여러 글로벌 프로젝트를 이끌며 회사의 성과를 만드는 동시에, 다른 이들의 성장에도 기여할 수 있었습니다. 그중에서도 가장 기억에 남는 경험은 미시시피 주 코린스(Corinth)에서 공장장과 공급망 책임자를 동시에 맡았던 시기입니다.

코린스는 인구 1만 5천 명 남짓한 작은 도시였지만, 저에게는 가장 의미 있는 배움의 현장이었습니다. 직원들과 함께 변화를 만들어 내며 긍정적인 영향을 줄 수 있었던 그 시간을 자랑스럽게 생각합니다. 그곳에서 맺은 우정을 지금도 이어 가고 있습니다. 돌이켜 보면, 그 경험이 저를 더 나은 사람으로 만들었음이 분명합니다.

조금씩 성장하면서 주변의 작은 일에서도 영감을 받기 시작했습니다. 그것은 해야 할 일과 하지 말아야 할 일을 구분하게 해 주는 교훈이었고, 스스로를 단련하는 방법이기도 했습니다. 영화나 책, 한 줄의 인용구처럼 사소한 것에서부터 인생의 큰 전환점이나 일상의 작은 순간들까지 — 모든 것이 제 안에서 변화를 일으켰습니다. 저는 그 순간들을 놓치지 않으려 기록했고, 그것이 자연스럽게 글이 되었습니다. 멈추지 않고 쓰다 보니, 지금 이 자리에 이르게 되었습니다.

이 짧은 이야기들이 누군가에게 도움이 되기를 바랍니다. 여러분의 경험과 겹치는 부분이 있다면 더욱 좋겠습니다. 특히 이제 막 커리어를 시작한 젊은 직장인들에게 이 책이 작은 길잡이가 되기를 바랍니다. 먼저 그 길을 걸어 본 제 경험이 여러분의 여정에 작은 도움이 되길 바랍니다.

제가 특별히 강조하고 싶은 조언은 두 가지입니다.

첫째, 탄탄한 직업적 네트워크를 구축하고 멘토와 스폰서를 찾는 일은 큰 자산이 됩니다. 조직 내부에서 관계를 쌓거나, 전문 단체에 참여하거나, 자신의 분야 이외의 행사에 자원봉사로 참여하는 등 다양한 방식으로 네트워크를 넓힐 수 있습니다. 하지만 네트워킹은 일방적인 활동이 아니라 서로에게 도움이 되는 상호작용임을 기억해야 합니다. 조언이나 도움이 필요할 때 주저하지 말고 손을 내밀어 보세요. 그렇게 만난 사람들 가운데 일부는 훗날 멘토나 스폰서가 되어 줄 수도 있습니다. 주도적으로 움직이고, 스스로 기회를 만들며, 새로운 가능성을 기꺼이 받아들이는 태도가 중요합니다. 또한 익숙한 영역에서 벗어나 새로운 경험을 쌓으려는 노력은 직업적으로나 개인적으로 성장하는 데 모두 큰 도움이 됩니다.

둘째, 어떤 방식으로 정의하든 건강한 일과 삶의 균형을 유지하는 것은 장기적인 성공과 행복을 위해 반드시 필요합니다. 이 주제는 때때로 논쟁을 불러일으키지만, 일과 삶이 충돌하는 순간에는 직업보다 삶을 우선순위에 두는 태도가 중요합니다. 균형 잡힌 삶을 위해서는 정신적, 신체적 건강이 필수입니다. 우선순위를 명확히 정하고 꾸준히 지켜 나가는 규율도 필요합니다. 이는 근육을 단련하듯 반복적인 연습을 통해 습관으로 만들 수 있습니다. 건강한 일과 삶의 균형을 이루는 일은 결코 쉽지 않지만 분명 가능하며 직업적, 개인적 성공을 위해 꼭 갖추어야 할 요소입니다.

저보다 앞서 이 길을 걸은 세대가 있다면, 그분들의 경험이 더 풍요롭기를 바랍니다. 그러나 적어도 우리는 서로의 이야기를 나누며 공감할 수 있습니다. 무엇보다 이 책이 여러분이 스스로를 돌아보고 성장하며, 앞으로의 여정을 열린 마음으로 받아들이는 데 작은 도움이 되기를 진심으로 바랍니다.

지은이 James Shin

역자 서문

2025년 8월 6일 아침, 서울 강남의 한 호텔에서 원저자 제임스 신(James Shin, 신종석) 박사를 처음 만났습니다. 서글서글한 인상과 환한 웃음 덕분에, 처음 만나는 자리에서도 마음이 편안해지는 분이었습니다. 산업공학 박사이자 Blue Koi Global Partners의 창업자 겸 CEO인 그는, 영어로 쓴 자신의 책을 한국 독자에게 제대로 전해 줄 번역자를 찾고 있었습니다. 제가 책을 출간한 경험이 있음을 알고 있던 후배가 우리를 연결해 주었고, 그렇게 『리더를 만드는 보이지 않는 힘』의 번역이 시작되었습니다.

원고를 처음 읽었을 때 가장 먼저 다가온 느낌은 "따뜻함"이었습니다. 리더십을 거창한 이론이나 화려한 기술로 포장하기보다, 삶의 작은 경험에서 원리를 길어 올리는 방식이 그랬습니다. 일터에서 마주한 선택, 관계 속 흔들림, 책과 영화의 한 문장, 낯선 도시에서의 깨달음 같은 것들 말입니다. 원제 『The Leader's Soul』이 암시하듯, 이 책이 말하는 리더십은 기술 이전에, 눈에 보이지 않지만 사람과 조직을 움직이는 태도와 습관 같은 내면의 결에 더 가깝습니다. 리더를 만드는 '보이지 않는 힘'이란 결국 직함의 크기나 말의 권위가 아니라, 사람을 대하는 태도와 반복되는 선택의 방향, 그리고 매일 쌓이는 마음의 습관이라는 사실을 저자는 큰 소리 없이도 분명하게 보여 줍니다.

책은 52개의 에세이로 이루어져 있습니다. 1년을 52주로 보고 '한 주에 한 편씩' 마음에 새기길 바라는 저자의 의도가 책의 구성 자체에 담겨 있습니다. 그래서 이 책은 단숨에 읽고 끝내기보다, 시간을 나누어 곁에 두고 천천히 되새길 때 더 깊이집니다. 번역하는 동안 저는, 저자가 '일상'이라는 가장 흔한 재료로 '리더십'이라는 가장 어려운 주제를 끈질기게 요리해 내는 방식에 여러 번 감탄했습니다.

특히 첫 글 「리더십의 무게」는 이 책의 톤을 단번에 결정짓습니다. 리더십은 직함이나 권력의 문제가 아니라 책임의 문제이며, 진짜 리더는 앞에 서서 사람들을 보호하고, 필요하다면 팀이 감당할 부담을 대신 짊어지는 사람이라고 말합니다. 그리고 이어지는 한 문장이 마음에 오래 남습니다.

"리더를 알고 싶다면 그의 엉덩이에 꽂힌
화살의 개수를 세어 보라."

처음에 우스개처럼 들리는 이 말에서 '화살'은 비판과 저항, 오해와 좌절의 다른 이름입니다. 저자는 훌륭한 리더를 "팀을 보호하는 방패"로 표현합니다. 그것은 외부의 압력을 대신 흡수해 구성원들이 목표에 집중하도록 돕고, 불필요한 방해를 차단하며, 비판의 화살을 스스로 받아 내는 태도입니다. 리더십을 '앞서감'의 기술로만 오해해 온 사람들에게, 이 글은 리더십이란 '대신 맞아 주는 일'에 가깝다는 사실을 조용하지만 단호하게 일깨워줍니다.

책의 마지막 글 「오늘의 힘」은 이 책이 독자에게 남기고 싶은 핵심을 가장 분명하게 들려줍니다. 저자는 '오늘'을 가볍게 대하지 말라고 말합니다. 헤밍웨이의 문장을 빌려, "오늘은 수많은 날 중 단 하루에 불과하다. 그러나 앞으로 올 모든 날에 어떤 일이 일어날지는 오늘 당신이 무엇을 하느냐에 달려 있다"라고 강조합니다.

결국 오늘을 잃는 순간, 우리는 내일의 방향까지 함께 잃기 쉽습니다. 저자는 스트레스와 불안, 외부의 압박이 시간과 에너지를 지배하도록 내버려 두지 말라고 조언합니다. 실수와 실패는 피할 수 없지만, 그것이 우리를 정의하지는 않습니다. 진정으로 우리를 규정하는 것은, 명확한 목표와 단단한 의지로 다시 나아갈 수 있는 능력, 바로 '회복력'입니다. 화려한 역량 이전에 '오늘을 새로 시작할 수 있는 마음'이 리더의 바탕이 된다는 사실을, 이 마지막 장은 조용히 확인시켜 줍니다.

번역자로서 제가 가장 중요하게 생각한 원칙도 바로 그 '톤'이었습니다. 저자는 독자를 가르치려 들지 않습니다. 대신 옆자리에 앉아 자신의 경험을 내어주듯 말합니다. 그래서 저는 의미를 정확히 옮기는 것만큼이나, 문장이 한국어로 따뜻하게 숨 쉬도록 만드는 일을 중요하게 여겼습니다. 직역의 정확함과 자연스러운 의역 사이에서 흔들릴 때마다, "이 문장이 독자의 마음에 닿는가"를 기준으로 다시 고쳤습니다. 한 편 한 편이 '주간 편지'처럼 읽히길 바랐기 때문입니다.

『리더를 만드는 보이지 않는 힘』은 지금 리더의 자리에 있는 분들에게는 스스로의 무게를 다시 다잡게 하는 작은 기준이 되어 줄 것이고, 리더를 꿈꾸는 분들에게는 '리더십은 멀리 있는 자격이 아니라 가까운 태도'임을 확인시켜 줄 것입니다. 저는 번역하는 내내 저자의 글을 통해 위로를 받기도 했고, 때로는 용기를 얻기도 했습니다. 이 책을 읽는 여러분도 저자의 이야기 속에서 지혜를 얻고, 때로는 어깨가 가벼워지며, 때로는 다시 걸어갈 힘을 얻으시길 바랍니다. 그리고 무엇보다 — 저자가 끝내 강조하듯 — 그 힘은 언제나 '오늘'에서 시작된다는 것을 기억하시기 바랍니다.

옮긴이 **신재훈**

차례

“ *리더십은 책임자가 되는 것이 아니다.*
책임지는 사람들을 돌보는 일이다. ”

— 사이먼 시넥(Simon Sinek)

01.
리더십의 무게

진정한 리더십은 직함이나 권력, 권위의 문제가 아니라 책임의 문제입니다. 리더란 자신이 이끄는 사람들을 위해 앞에 서고, 필요할 때는 그들을 보호하며, 그들이 최선을 다할 수 있도록 대신 부담을 지는 사람입니다. 진정한 리더십은 개인적 인정에 대한 욕심이 아니라, 다른 사람들이 성공할 수 있는 환경을 만들어 주는 일입니다.

리더십은 상처와 함께 온다

《룬샷(Loonshots)》에서 유다 폴크먼(Judah Folkman) 박사의 인상적인 말을 읽었습니다.

"리더를 알고 싶다면 그의 엉덩이에 꽂힌 화살의 개수를 세어 보라."

처음에는 우스개처럼 들리지만, 그 안에는 깊은 진실이 담겨 있습니다. 리더십은 언제나 상처를 동반합니다. 더 큰 책임을 질수록 더 많은 비판과 저항, 좌절을 경험하게 됩니다. 그 화살들은 리더라면 누구나 맞게 되는 도전과 의심, 반발을 상징합니다. 그러나 진짜 리더는 그 앞에서 물러서지 않습니다. 화살이 자신을 정의하거나 꺾도록 두지 않습니다. 대신 매번의 시련에서 배우며 더 지혜로워지고, 회복력을 키워 더 강한 리더로 성장합니다.

훌륭한 리더는 또한 팀을 보호하는 방패가 됩니다. 외부의 압력을 대신 흡수해 구성원들이 목표에 집중하도록 돕고, 불필요한 방해를 차단하며, 비판의 화살을 스스로 받아 냅니다. 그리고 팀이 성공하면 리더 역시 함께 성공합니다.

마틴 루터 킹 주니어가 "사람의 진정한 가치는 편안하고 안전한 순간이 아니라, 도전과 논란이 있을 때 어디에서 있는가로 판단된다."라고 말한 것처럼, 리더십의 무게를 느끼고, 저항과 비판, 좌절이 몰려올 때마다 기억해야 할 것이 있습니다. 모든 도전은 성장의 기회이고, 모든 화살은 여러분이 싸우고 있다는 증거입니다. 그것은 리더십이 요구하는 무게를 기꺼이 짊어지고 있다는 표시이기도 합니다.

여러분은 리더로서, 맞닥뜨린 화살에 어떻게 대응하고 있습니까?

“*Ancora imparo.*

(나는 아직 배우고 있다.)”

— 미켈란젤로(Michelangelo), 87세

02.
호기심으로 이끌기

저는 음악적 재능이 없지만, 음악가들로 가득한 집에서 살고 있습니다. 아내는 전문 피아니스트이며, 우리는 식탁에서 음악 이야기를 자주 나눕니다. 얼마 전, 아내가 20세기 가장 영향력 있는 음악가 중 한 사람인 파블로 카잘스(Pablo Casals)에 대한 이야기를 들려주었습니다. 그는 명성 높은 첼리스트일 뿐 아니라, 재능 있는 지휘자이자 작곡가이기도 했습니다. 여든이 넘은 나이에도 왜 여전히 매일 연습을 계속하느냐는 질문을 받았을 때, 그는 겸손하면서도 강한 울림이 담긴 한마디로 답했습니다.

"나는 아직도 발전하고 있습니다."

이 이야기는 여러 가지 버전으로 전해지지만, 가장 널리 인용되는 내용은 이렇습니다.

한 기자가 카잘스의 꾸준한 연습과 헌신에 감탄하며

물었습니다.

"카잘스 선생님, 당신은 지금까지 살아온 사람 중 가장 위대한 첼리스트로 불립니다. 그런데 왜 하루에 네다섯 시간씩 여전히 연습을 하십니까?"

카잘스는 이렇게 대답했습니다.

"왜냐하면 나는 아직도 발전하고 있다고 생각하기 때문입니다."

이 일화는 여러 버전으로 전해지지만, 가장 널리 알려진 출처는 1966년 단편 영화 《A Day in the Life of Pablo Casals》로 추정됩니다. 정확한 기록은 없지만, 그의 말이 지닌 정신은 명확합니다. 그는 생애 마지막까지 성장과 배움의 가능성을 믿었습니다. 완성은 없다고 생각했고, 배움은 끝나지 않는 여정이라고 여겼습니다.

끊임없이 이어지는 마스터리(Mastery)의 길

카잘스만 그런 믿음을 가진 것이 아닙니다. 일본의 전설적인 스시 장인 오노 지로(小野二郎)도 80대에 이렇게 말했습니다. "이 나이가 되었어도, 내 일에서는… 아직 완벽에 이르지 못했습니다."

세계 최고의 예술가, 운동선수, 사상가들이 공통으로 이야기하는 바는 같습니다. 완성은 도착지가 아니라 평생에 걸친 여정이라는 것입니다. 재능은 출발점일 뿐입니다. 지속적인 학습과 의도적인 연습이 없다면 능력은 서서히 퇴화합니다. 진정한 위대함은 지속적인 노력과 겸손, 그리고 탁월함을 향한 끊임없는 추구에서 비롯됩니다.

그래서 평생 학습이 중요합니다. 그것은 우리가 아무리 능숙해지고 성공하더라도, 여전히 더 탐구하고, 더 다듬고, 더 깊이 이해할 여지가 있음을 일깨워 줍니다. 꾸준히 배우려는 마음을 잃지 않는 한, 발전의 가능성은 언제나 열려 있습니다.

배움이 곧 삶이다

평생 학습의 이점은 직업적 성취를 훨씬 넘어섭니다. 호기심을 유지하고 정신적으로 몰입하는 일은 정서적 안정과 신체적 건강 모두에 도움이 됩니다. 연구에 따르면 새로운 기술을 배우는 것은 인지 기능을 향상시키고, 알츠하이머병과 같은 질환의 위험을 낮추며, 스트레스도 완화시킨다고 합니다. 학습을 통한 사회적 교류는 더 길고 만족스러운 삶과도 깊은 관련이 있습니다.

요컨대, 평생 학습은 경력만을 위한 것이 아니라, 마음을 위한 일입니다. 성장에는 유효기간이 없고, 호기심에는 나이가 없습니다. 첼로를 배우든, 회사를 운영하든, 팀을 이끌든, 혹은 더 풍요로운 삶을 살기 위해 배우든, 중요한 것은 배움을 멈추지 않는 것입니다.

지금 여러분이 가장 호기심을 느끼는 대상은 무엇입니까? 그리고 무엇을 계속 발전시키고 싶습니까?

" 내가 생각하기에 가장 중요한 역할은,
내가 떠날 때 이 조직이 내가 맡았을 때보다
더 나은 상태가 되어 있고, 더 유능한 사람에게
바통을 넘겨주는 것이다. "

— 에드 랩(Ed Rapp), 전 캐터필러 그룹 부회장

03.
자신을 넘어 이끄는 리더십

에드 랩의 말은 진정한 리더십의 본질을 잘 보여 줍니다. 리더의 가치는 자신이 있을 때보다, 자신이 떠난 후에도 조직이 얼마나 잘 돌아가는가에 달려 있습니다. 훌륭한 리더는 대체 불가능한 사람이 되려 하기보다, 조직이 자신 없이도 스스로 성장할 수 있도록 준비시키는 사람입니다.

젊은 전문가들은 종종 승진과 개인적 인정에 집중합니다. 야망은 중요하지만, 리더십은 자신을 빛내는 일이 아니라, 다른 사람을 성장시켜 조직 전체가 번창하도록 만드는 일입니다. 역설적으로 들리지만, 다른 사람의 성장을 위해 투자할수록 여러분의 영향력은 더 커집니다.

역량은 기본입니다. 그러나 그것이 효과가 있으려면 인정과 신뢰를 받아야 합니다. 아무리 뛰어난 실력을 가지고 있어도, 알아주는 사람이 없다면 의미가 없습니다. 영향력 있는 프로젝트에 참여하고, 어려운 일에 자원하며, 자신의 가치를 드러내야 리더로서의 평판이 만들어집니다.

그리고 성장에는 언제나 담대함이 필요합니다. 편안한 구역 안에 머무르면 배움이 멈춥니다. 리더로 성장하는 사람은 주도적으로 움직이고, 계산된 위험을 감수하며, 실패의 가능성 앞에서도 용기를 잃지 않습니다. 도전이 곧 성장의 통로이기 때문입니다.

리더십의 핵심 조건: 도덕적 일관성과 공감 및 배려

강한 리더십을 생각하면 여러 가지 특성이 떠오르지만, 그중에서도 중심에 놓이는 두 가지는 도덕적 일관성(Integrity)과 공감 및 배려(Compassion)입니다.

- 도덕적 일관성은 신뢰의 근간입니다. 이것이 흔들리면 리더십은 쉽게 무너집니다. 리더는 자신의 말에 책임을 져야 하고, 그의 말과 행동은 언제나 자신의 가치와 일치해야 합니다.
- 공감 및 배려는 리더와 팀을 잇는 힘입니다. 리더가 구성원의 입장과 감정을 살피고 존중할 때, 구성원은 존중과 지지를 체감하며 스스로 역량을 발휘할 수 있습니다.

이 두 요소에 비즈니스 역량이 더해질 때 비로소 리더십의 뼈대가 단단해집니다. 원칙을 지키고 사람을 존중하는 리더는 뛰어난 성과를 이루는 것을 넘어, 자신이 떠난 뒤에도 계속 성장하는 강한 팀을 남깁니다.

셰릴 샌드버그(Sheryl Sandberg)는 이렇게 말했습니다.

"리더십이란, 당신이 존재함으로써 다른 사람들이 더 나아지게 만들고, 당신이 자리를 떠난 뒤에도 그 영향이 지속되도록 하는 일이다."

결국 성공은 여러분이 무엇을 이루었는가만으로 완성되지 않습니다. 여러분이 어떤 흔적을 남겼는가로 완성됩니다. 그리고 그 흔적은 누군가가 기꺼이 따라가고 싶은 길이어야 합니다.

여러분은 오늘, 여러분이 그 직책에서 물러난 뒤에도 여러분이 발휘했던 리더십이 계속해서 의미 있는 영향을 남기도록 어떤 노력을 기울이고 있습니까?

“ *당신이 원하는 것이 무엇인지 모르면,*
결코 그것을 찾지 못할 것이다. ”

— 작자 미상

04.
'좋음'의 기준 알기

저는 요리하는 것을 좋아합니다. 시간이 날 때마다 음식에 관한 다큐멘터리를 즐겨 보는데, 특히 《Ugly Delicious》의 한 에피소드가 인상 깊었습니다. 셰프 데이비드 창(David Chang)과 피자 장인 마크 이아코노(Mark Iacono)가 나눈 짧은 대화 때문입니다.

데이비드: "음식에 사랑을 담으면 맛있을 거라고 말하는 게 진부한가요?"

마크: "아니요. 하지만 좋은 피자가 어떤 맛인지는 알아야 합니다."

이 대화가 유난히 오래 남는 이유는, 단순한 요리 이야기를 넘어 탁월함의 본질을 꿰뚫기 때문입니다. 아무리 열정과 노력을 쏟아도 '좋음'의 기준이 없다면 탁월함에 도달할 수 없습니다. 오랜 세월 기술을 갈고 닦은 피자

셰프라도, 훌륭한 피자가 무엇인지 모른다면 최고 수준에 이를 수 없습니다. 이 원리는 모든 직업과 리더십에 똑같이 적용됩니다. 성공은 끈기만으로 이루어지지 않습니다. 명확한 기준과 방향이 있어야 노력의 의미가 생깁니다.

탁월함의 기준을 세우는 법

탁월함은 감으로 쌓이지 않습니다. 의도적인 기준 설정이 필요합니다.

- 최고와 비교하기 - 업계의 선도자나 뛰어난 성과자들과 자신을 비교해 보십시오. 탁월함을 관찰하고 분석할수록 자신의 기준이 정교해집니다.
- 전문가에게 배우기 - 경험 많은 멘토나 동료와 협업하면서 무엇이 효과적인지 직접 배웁니다. 배움의 깊이는 현장에서 만들어집니다.
- 평생 학습에 전념하기 - 산업과 기술이 끊임없이 변하는 만큼, 탁월함의 기준도 달라집니다. 계속 배우고 적응하며 성장하는 자세가 필요합니다.

이 세 가지는 단순한 조언이 아니라, 탁월함이 작동하는 구조입니다.

탁월함은 혁신의 출발점이다

'좋음'의 기준을 안다는 것은 창의력을 억누르는 일이 아니라, 혁신의 토대를 세우는 일입니다. 맛의 기본을 깊이 이해한 셰프는 새로운 조합을 시도하면서도 뛰어난 결과를 만들어 냅니다. 마찬가지로 비즈니스와 리더십에서도 기본기를 갖춘 사람만이 한계를 넘고, 새로운 방향을 열 수 있습니다.

탁월함은 우연히 오지 않습니다. 명확한 비전, 체계적인 지식, 그리고 꾸준한 헌신이 쌓여야 만들어집니다. 기준이 없으면 노력은 헛되고, 기준이 분명하면 방향이 생깁니다. 요기 베라(Yogi Berra)는 이렇게 이야기했습니다.

"어디로 가는지 모르면 결국 다른 곳에 도착한다."

지금 여러분은 자신만의 '좋음'을 어떻게 정의하고 있습니까?
그리고 그 기준을 다듬기 위해 어떤 노력을 하고 있습니까?

“ *우리가 살 시간이 짧은 게 아니라,*
많은 시간을 낭비하고 있는 것이다. ”

— 세네카(Seneca)

05.
삶의 생산성

우리는 늘 시간 관리의 중요성을 이야기하지만, 실제로 시간을 얼마나 생산적으로 쓰는지 측정해 본 적이 있을까요? 제조업에서는 OEE(Overall Equipment Effectiveness)라는 지표로 기계의 생산성을 계산합니다. 가동 시간 중 실제로 가치를 창출한 시간이 얼마나 되는지를 보여 주는 수치입니다. 이 개념은 공장만의 이야기가 아닙니다. 우리의 삶에도 똑같이 적용됩니다.

제가 존경하는 한 리더가 이런 질문을 했습니다.

"리더로서 당신의 개인 OEE를 측정해 본 적이 있는가?"

즉, 여러분의 일정표를 들여다보며 정말 중요한 일에 얼마나 시간을 쓰는지, 의미 있는 활동에 얼마나 몰입하고 있는지 돌아보라는 뜻입니다. 개선을 위해서는 전략적 사고, 자기 계발, 그리고 웰빙을 위한 시간을 의도적으로 확보해야 합니다.

삶이 일보다 우선이다

저는 한때 펜실베이니아 주립대 대학원과의 인터뷰에서 이 생각을 이야기한 적이 있습니다. 그 자리에서 우리는 직업적 열망과 개인적 행복 사이의 섬세한 균형에 대해 논의했습니다. 일부에게는 다소 논쟁처럼 보일 수 있지만, 현실은 삶과 일이 충돌하는 순간에는 삶이 우선되어야 한다는 것입니다.

어떤 직함도, 어떤 승진도, 어떤 커리어 성취도 정신적·신체적 건강을 희생할 만큼 가치 있지는 않습니다. 건강이라는 토대가 흔들리기 시작하면, 아무리 뛰어난 업적도 오래 지속되기 어렵고 결국 번아웃이나 불만족, 심지어 후회로 이어질 수 있기 때문입니다.

우선순위는 훈련으로 만들어진다

우선순위를 정하는 일은 한 번의 결정이 아니라 훈련에 가깝습니다. 의식적인 노력과 정기적인 성찰, 그리고 경계를 세우는 용기가 필요합니다. 짐 론(Jim Rohn)은 이렇게 말했습니다.

"몸을 돌봐라. 당신이 살 수 있는 유일한 집이다."

시간은 가장 귀한 자원입니다. 그것을 현명하게 써야 삶이 흐트러지지 않습니다. 일과 삶의 균형은 단순히 스트레스를 줄이기 위한 것이 아니라, 장기적 성공과 지속적 만족을 위한 조건입니다. 쉽지 않지만, 작은 습관의 개선이 큰 변화를 만듭니다. 결국 성공은 '더 많이' 하는 것이 아니라, 진짜 중요한 일에 집중하는 것에 있습니다.

여러분은 지금 시간을 얼마나 효율적으로 쓰고 있습니까? 가장 중요한 일에 집중하기 위해 어떤 변화를 시도하고 있습니까?

“ *요리에는 두 가지 비밀이 있다.*

하나는

좋은 재료를 사는 것이고,

다른 하나는

그 재료를 망치지 않는 것이다. ”

— 우리 부리(Uri Buri)

06.
인재 관리의 비법

넷플릭스 《Somebody Feed Phil》의 텔아비브 편에서, 유명 셰프 우리 부리(Uri Buri)가 등장해 이 간단하지만 의미 깊은 말을 했습니다. 주방에서는 너무나 자연스러운 말이지만, 전혀 다른 영역인 인재 관리에도 그대로 적용됩니다. 훌륭한 요리가 좋은 재료와 그 가치를 끌어올리는 솜씨에서 시작되듯, 뛰어난 팀을 만드는 일도 올바른 인재를 찾아내어 제대로 성장시키는 것에서 출발하기 때문입니다.

인재 관리는 평범한 회사를 탁월한 회사로 바꾸는 결정적 요인입니다. 이는 단지 우수한 사람을 채용하는 것으로 끝나지 않습니다. 그들의 잠재력을 개발하고, 정제하고, 최대한 끌어올리는 과정이 뒤따라야 합니다. 뛰어난 인재는 마치 다듬지 않은 원석과 같아서, 발견으로 시작하지만 가꾸고 준비해야 빛이 납니다.

인재를 확인한 뒤에는 체계적인 교육, 멘토링, 그리고 다양한 경험의 기회를 제공해야 합니다. 숙련된 전문가에게 배우고, 도전적인 과제에 참여하며, 실제 현장에서 경험을 쌓는 과정이 기술을 다듬고 혁신을 촉진합니다. 직원에게 능력을 발휘할 무대를 주면 성장 속도가 빨라지고, 동시에 내·외부의 신뢰도 함께 쌓입니다.

리더의 역할: 마스터 셰프

인재 관리에 정답은 없습니다. 리더는 요리사와 같습니다. 각 직원은 저마다의 강점이 있고, 리더는 그 재능을 조화롭게 배합해 최고의 팀을 만들어야 합니다. 어떤 사람은 세심한 멘토링에서 힘을 얻고, 어떤 사람은 자율과 창의적 자유 속에서 더 빛납니다. 이 미묘한 차이를 이해하는 순간, 리더는 비로소 인재를 성장시키는 장인이 됩니다.

그리고 한 가지를 잊지 말아야 합니다. 인재에 투자하지 않는 것은 실패를 예고하는 가장 확실한 신호입니다. 헨리 포드(Henry Ford)는 이렇게 말했습니다.

"직원을 교육시켰더니 떠나는 게 두렵다고요? 교육하지 않은 채 머무르는 게 훨씬 더 위험합니다."

좋은 요리가 재료의 질과 조합의 기술에서 완성되듯,

성공하는 조직도 인재의 질과 그것을 이끄는 리더의 손끝에서 결정됩니다. 사람을 잘 다루는 리더는 회사를 성장시킵니다.

여러분은 팀의 인재가 잠재력을 다 펼칠 수 있도록 어떤 환경을 만들어 주고 있습니까?

“ *목적과 방향이 없으면, 노력과 용기만으로는 충분하지 않다.* ”

— 존 F. 케네디(John F. Kennedy)

07.
목적에서 시작하기, 과정만이 아니라

사이먼 시넥(Simon Sinek)의 개념 '왜부터 시작하라(Start with Why)'는 리더십과 비즈니스, 그리고 동기 부여에 대한 우리의 사고방식을 완전히 바꾸어 놓았습니다. 그의 핵심 메시지는 단순하지만 깊습니다. 무엇을 하느냐보다 왜 하느냐가 더 중요하다는 것입니다.

시넥은 이 생각을 '골든 서클(Golden Circle)'이라는 프레임워크로 설명합니다.

- 무엇(What) - 당신이 하는 일, 즉 제품·서비스·직무
- 어떻게(How) - 그것을 수행하는 방법, 고유한 절차나 방식
- 왜(Why) - 당신이 그것을 하는 이유, 목적이나 신념, 동기

대부분의 사람과 기업은 자신들이 무엇을 하는지 분명하게 설명할 수 있습니다. 그리고 일부는 그것을 어떻게 하는지까지 이야기할 수 있습니다. 그러나 왜 그 일을 하는지, 다시 말해 자신의 ***왜(why)***를 명확하게 말할 수 있는 사람과 조직은 많지 않습니다. 그리고 바로 그 이유를 분명히 설명할 수 있는 이들이야말로 돋보이고, 영감을 주며, 오래 지속되는 변화를 이끌어 냅니다.

그렇다면 '왜'는 왜 그렇게 강력할까요? 사람들은 당신이 무엇을 하느냐가 아니라, 왜 그것을 하느냐에 마음이 움직입니다. 목적은 사람을 감정의 깊은 곳에서 연결하고, 그 목적이 충성, 의미, 그리고 진정한 영향력을 만들어 냅니다.

애플을 떠올려 보십시오. 그들이 파는 것은 단순한 노트북이나 스마트폰이 아닙니다. 애플의 **왜**는 기존의 틀에 도전하고, 세상을 다르게 바라보는 데 있습니다.

마틴 루터 킹 주니어도 "나는 계획이 있다(I have a plan)"라고 말하지 않았습니다. 그는 "나는 꿈이 있다(I have a dream)"라고 말했습니다.

바로 이것이 사람을 움직이게 하는 목적의 힘입니다.

목적이 문화와 관계, 그리고 성장을 이끈다

고객 서비스가 무례하거나 직원들이 일에 충분히 마음을 쓰지 않는 모습은, 대개 그 조직이 이미 자신들의 "왜(why)", 즉 그 일을 하는 이유를 잃어버리고 있다는 신호입니다. 분명하고 설득력 있는 "왜"가 사라지면 일은 단순한 거래가 되고, 문화는 약해지며, 팀은 방향을 잃습니다. 그리고 이러한 변화는 고객이 가장 먼저 느낍니다.

강한 리더십은 조직이 왜 이 일을 하는가, 그 이유를 분명하게 세우고 그에 맞게 행동하는 데서 시작됩니다. 분명한 "왜"는 새로운 생각을 이끌어 내고, 조직 문화를 단단하게 만들며, 외부의 신뢰를 쌓는 기반이 됩니다. 직원들에게는 월급 이상의 이유를 주고, 고객에게는 팬이 될 이유를 제공합니다. 또한 불확실한 시기에도 조직이 흔들리지 않고 한 방향으로 나아갈 수 있는 힘이 됩니다.

자포스(Zappos)[1]는 좋은 사례입니다. 이들이 추구하는

---

1 자포스는 1999년 미국 라스베이거스에서 설립된 온라인 신발·의류 유통 기업으로, "고객과 직원에게 행복을 전한다(Delivering Happiness)"를 핵심 철학으로 삼아 세계적인 고객 서비스 기업으로 성장했다. 365일 무료 반품, 통화 시간을 제한하지 않는 고객 응대, 문제 해결을 위한 현장 중심의 권한 위임, 독창적이면서도 일관된 조직 문화 등으로 전자상거래 업계의 고객 서비스 기준을 새롭게 정립했다. 이러한 문화는 CEO 토니 셰이(Tony Hsieh)의 리더십 철학에 크게 영향을 받았으며, 그의 저서 『Delivering Happiness』는 조직 문화 혁신의 대표적 사례로 널리 알려졌다. 2009년에는 아마존이 자포스를 인수하며 그 가치를 공식적으로 인정했다. (역자 주)

"왜"는 고객과 직원 모두에게 행복을 전하는 것입니다. 이들의 '왜'는 채용에서 고객 서비스, 리더십 개발에 이르기까지 그들이 하는 모든 일에 깊이 스며 있습니다. 그래서 자포스는 기쁨, 충성, 그리고 장기적 성공으로 이어지는 브랜드를 구축할 수 있었습니다.

조직의 "왜"가 분명하면 성과는 높아지고, 소통은 선명해지며, 사람들은 일에 더 마음을 쏟습니다. 사기가 올라가고, 이직률은 낮아지며, 비즈니스 성과는 꾸준히 개선됩니다. 무엇보다 이러한 변화는 오래 지속될 수 있습니다.

그렇다면 여러분의 "왜"는 무엇입니까?
여러분은 왜 이끌고, 왜 섬기며, 왜 만들어 가고 계십니까?
여러분의 일 뒤에 있는 더 깊은 동기는 무엇입니까?

“ *예방이 치료보다 훨씬 낫다.*[2] ”

— 벤자민 프랭클린(Benjamin Franklin)

2 원문 “An ounce of prevention is worth a pound of cure”는 ‘파운드’와 ‘온스’의 무게 대비(1:16)를 활용한 “조금의 예방이 큰 치료보다 낫다”는 함의를 담은 표현이다. (역자 주)

08.
사전 준비 — 장기적 성공의 열쇠

"두 번 재고 한 번 자른다"라는 말을 들어보셨을 것입니다. 목공에서 나오는 간단하지만 강력한 원칙으로, 잘못된 절단으로 인한 큰 낭비를 피하기 위해 자르기 전에 치수를 두 번 확인하라는 의미입니다. 치수가 짧게 자르면 재료를 버려야 하고, 길게 자르면 처음부터 다시 해야 합니다. 그런데 이 원칙은 목공을 넘어 의사결정, 경영 전략, 나아가 개인의 성장에도 그대로 적용됩니다.

이런 이야기를 하는 이유는 6시그마(Six Sigma) 활동을 깊이 경험하면서 이 원칙이 지속적인 개선 방법론에서 그대로 작동하는 것을 수없이 봐왔기 때문입니다. 특히 정의(Define), 측정(Measure), 분석(Analyze), 개선(Improve), 관리(Control)로 이루어진 DMAIC 프로세스가 그렇습니다. 6시그마를 단순한 통계나 품질관리 도구로만 보는 시각도 있지만, 그것은 지나친 단순화입니다. 6시그마는 운영부터 리더십 개발에 이르기까지 조직의 모든 부분에 영향을 미치는 포괄적 틀입니다.

6시그마의 핵심에는 세 가지 원칙이 있습니다.

1. 고객에게 가치를 전달하는 것
2. 직원의 참여를 이끌어 내는 것
3. 미래의 리더를 육성하는 것

DMAIC 같이 구조화된 프로세스를 적용하면 조직은 불필요한 노력과 재작업을 피할 수 있습니다. 즉, 정작 행동해야 할 순간이 왔을 때 한 번에 제대로 실행할 수 있도록 준비된 상태를 만들 수 있습니다.

선제적 문제 해결의 힘

DMAIC 프로세스는 아래와 같이 진행됩니다.

- 정의(Define): 문제는 무엇인가?
- 측정(Measure): 우리는 지금 어디에 있는가?
- 분석(Analyze): 근본 원인은 무엇인가?
- 개선(Improve): 해결책은 무엇인가?
- 관리(Control): 성과를 어떻게 유지할 것인가?

이 접근법을 따르는 조직은 문제가 생길 때마다 뒤늦게 대응하지 않고, 애초에 문제가 발생하지 않도록 미리 대비합니다. 이는 "두 번 재고 한 번 자른다"는 말과 닮았지만, 어쩌면 "한 번 재고 한 번 자른다"는 표현이 더 정확한 비즈니스 원칙에 가깝습니다.

처음부터 시간을 들여 계획하고 예방하면, 훗날 마주할 큰 실수를 자연스럽게 줄일 수 있습니다. 비즈니스, 리더십, 개인적 목표 모두에서 선제적이고 절제된 접근은 성공과 어려움을 가르는 결정적인 차이가 됩니다.

지금 여러분의 삶이나 일에서, 더 체계적인 예방이 필요한 영역은 어디입니까?

“ *물은 저항하지 않는다. 물은 흐른다.*
컵에 부으면 컵이 되고,
병에 부으면 병이 된다.
주전자에 부으면 주전자가 된다. ”

— 브루스 리(Bruce Lee)

09.
물의 지혜

노자의 철학에서 전해 내려오는 말 가운데 제가 특히 좋아하는 구절이 있습니다. '상선약수(上善若水)', 즉 "가장 높은 선(善)은 물과 같다."는 뜻입니다. 노자는 『도덕경(道德經)』에서 '도(道)'와 조화를 이루며 사는 삶을 이야기했습니다. 그가 쓴 원문에는 이렇게 적혀 있습니다.

上善若水。水善利萬物而不爭，處衆人之所惡，故幾於道。

(최고의 선은 물과 같다. 물은 만물을 이롭게 하면서도 다투지 않고, 사람들이 피하는 낮은 곳으로 흘러가므로 도에 가깝다.)

물이 주는 가르침

노자는 이상적인 삶의 방식은 물처럼 사는 것이라고 했습니다. 물은 위대한 힘을 지녔지만, 겸손하고 부드럽게 흐릅니다. 그에게 물의 지혜는 단순한 은유가 아니라 실천의 철학이었습니다.

1. 적응력 - 네모난 그릇에 담기면 네모가 되고, 둥근 그릇에 담기면 둥글게 변합니다. 상황에 따라 형태를 바꾸지만 본질은 그대로입니다.
2. 힘의 이중성 - 고요할 때는 골짜기를 따라 흐르며 식물을 키우고 생명을 살리지만, 거세게 일면 바위를 부수고 산을 깎습니다.
3. 겸손함 - 물은 언제나 낮은 곳을 향합니다. 중력에 저항하지 않고, 더 낮은 곳으로 흐르며 결국 바다로 나아갑니다.

그래서 노자는 물을 세상에서 가장 덕이 높은 존재라 했습니다. 물처럼 사는 일은 말처럼 쉽지 않습니다. 매일의 도전과 욕망 속에서 그 유연함과 겸손을 잃기 쉽습니다. 그러나 물의 태도는 여전히 우리에게 방향을 제시합니다.

- 변화에 적응하며 유연하고 회복력 있게 살아가자.
- 고요함 속에서도 내면의 힘을 단단히 세우자.
- 무엇보다 겸손을 잃지 말고, 타인을 존중하자.

오늘 여러분은 얼마나 물처럼 살고 있습니까?

“ *잘못된 열차를 탔다면*
가장 가까운 역에서 내려라.
늦게 내릴수록
돌아가는 비용이 커진다. ”

— 작자 미상

10. 잘못된 열차에 탔음을 인식하기

인생은 계획한 선택과 예상치 못한 선택이 뒤섞인 여정입니다. 때로는 현재 걷고 있는 길이 더는 자신의 가치나 목표, 행복과 맞지 않는다는 사실을 깨닫게 됩니다. 에너지를 소진시키는 일, 기쁨을 주지 않는 관계, 의미를 잃어버린 목표처럼, 잘못 탑승한 기차에 그대로 머물면 괴로움과 후회만 길어질 뿐입니다. 방향을 다시 잡아야 한다는 사실을 일찍 알아차릴수록 더 나은 길로 옮겨 가기가 수월합니다.

문제는, 그 기차에서 내리는 결정이 결코 쉽지 않다는 점입니다. 조금만 더 기다리면 나아지지 않을까라며 스스로를 설득하기도 하고, '여기까지 온 시간이 아까운데', '지금 그만두면 더 나빠지는 건 아닐까' 같은 생각으로 행동을 미루기도 합니다. 그러나 사실은, 머무는 시간이 길어질수록 자신에게 맞지 않는 상황에 더 깊이 묶이게 되고, 결국 변화를 선택하는 데 필요한 비용도 더 커지게 됩니다.

변화를 미루는 대가

잘못 탄 기차에서 내리지 않으면 정거장을 더 지날 때마다 잃는 것은 시간과 에너지, 그리고 자원입니다. 자신에게 맞지 않는 상황에 오래 머물수록 거기서 벗어나는 일은 점점 더 어려워집니다. 흔히 '매몰비용 오류'라고 부르는 심리적 작용 때문입니다. 이것은 이미 많은 것을 쏟았다는 이유만으로 계속 투자하려는 경향을 뜻합니다. 그러나 이미 지나간 일은 되돌릴 수 없고, 허비한 시간이 아깝다는 이유로 머무르는 선택은 앞으로 더 큰 후회를 남길 뿐입니다.

저도 잘못 탄 기차를 경험한 적이 있습니다. 상황이 나아지기를 바라며 예상보다 오래 머문 때도 있었습니다. 하지만 결국 용기를 내어 기차에서 내려 방향을 바꾸었을 때, 그 결단이 개인적으로도, 직업적으로도 성장하기 위해 반드시 필요했던 과정이었다는 사실을 깨달았습니다. 변화에는 분명 대가가 있었지만, 그대로 머물렀다면 더 큰 대가를 치렀을 것입니다. 돌이켜보면 당시에는 힘들었지만 그 선택들은 제가 내린 결정들 가운데 가장 잘한 선택들이었습니다.

방향 다시 잡기

삶은 배우고, 적응하고, 성장하는 과정입니다. 실수는 피할 수 없지만, 중요한 것은 그 실수에 어떻게 대응하는가입니다. 잘못된 방향으로 가고 있다는 사실을 깨닫는 순간, 방향을 바꿀 수 있는 힘이 생깁니다. 때로는 익숙한 자리에서 벗어나 미지의 영역으로 한 발 내디뎌야 할 때도 있습니다. 전환의 불편함이, 머무르는 고통보다 나을 것이라고 믿으며 말입니다.

지금 여러분은 진짜 목적지로 향하는 올바른 열차를 타고 있습니까, 아니면 더 나은 길을 찾기 위해 내려야 할 때입니까?

“ *가끔은 자신을 밀어붙여야 하지만,*
언제 한 걸음 물러서서
쉬어야 할지도 알아야 합니다.
휴식은 전진만큼이나 중요합니다. ”

— 아리아나 허핑턴(Arianna Huffington)

11.

밀어붙여야 할 때와 멈춰야 할 때 알기

여러분만의 '2시 규칙'은 무엇입니까? 에베레스트 등반에는 잘 알려진 원칙이 있습니다. 등반가들은 일반적으로 악천후가 시작되기 전에 오후 2시까지 정상에 오르지 못하면 하산해야 합니다. 이를 어기면 하산길이 위험해지고, 때로는 목숨을 잃을 수도 있습니다. 이 규칙을 무시했다가 벌어진 1996년의 비극은 존 크라카우어(Jon Krakauer)의 『Into Thin Air』에 기록되어 있습니다. 당시 로브 홀(Rob Hall)과 스콧 피셔(Scott Fischer)는 하산 시점을 넘겨 눈보라에 갇혔고, 결국 8명의 목숨이 희생되었습니다.

반면 2015년 다큐멘터리 《Meru》는 전혀 다른 결정을 보여 줍니다. 2008년, 콘래드 앵커(Conrad Anker), 지미 친(Jimmy Chin), 레난 오즈투르크(Renan Ozturk)는 인도 메루봉의 샤크핀 루트에 도전했습니다. 정상까지 단 100미터를 남겨 두고, 혹독한 기상 상황 속에서 그들은 철수하기로 결정했습니다. 많은 이들이 그들의 결정을 실패로 보았지만, 그 현명한 후퇴가 세 사람의 생명을 지켰습니다. 그리고 3년 뒤, 그들은 마침내 성공적으로 등반을 완수했습니다.

끈기와 지혜의 균형

이 두 이야기는 중요한 교훈을 전합니다. 끈기는 위대한 덕목이지만, 멈출 때를 아는 지혜는 그에 못지않게 중요하다는 것입니다. '2시 규칙'은 단지 극한의 등반에서만 적용되는 것이 아닙니다. 비즈니스, 리더십, 그리고 개인의 성장에도 똑같이 통합니다. 때로는 앞으로 나아가야 하지만, 어떤 때는 멈춰야 합니다. 전략을 재검토하거나, 진로를 수정하거나, 건강과 가족을 우선해야 하는 순간이 있습니다. 적절한 시점의 멈춤이야말로 지속 가능한 성공과 불필요한 실패를 가르는 기준이 됩니다.

오래전에 《리더스 다이제스트(Reader's Digest)》에서 알래스카의 연어가 강을 거슬러 오르는 이야기를 읽은 적이 있습니다. 작가는 본류 근처에서 흥미로운 장면을 발견했습니다. 마지막 여정을 마치기 전에 지친 연어들이 잠시 멈춰 쉬어 가는 작은 연못이 있었던 것입니다. 그는 이

자연스러운 '멈춤'을 인간의 삶에 비유했습니다. 끊임없이 앞으로 나아가기만 하고 휴식을 취하지 않는다면, 결국 탈진에 이르게 되어 성공을 향한 여정 자체가 의미를 잃게 된다는 깨달음을 전해 주는 이야기였습니다.

당신의 '2시 규칙'을 세우라

에베레스트의 '2시 규칙'은 명확하지만, 우리의 삶에서 '2시'는 각자 다릅니다. 그것은 중요한 마감일일 수도 있고, 인생의 전환점일 수도 있으며, 단지 "이쯤에서 멈추라"는 내면의 신호일 수도 있습니다. 이러한 순간을 인식하고, 필요할 때 멈추어 재평가할 수 있는 능력은 장기적 성공의 핵심입니다.

여러분만의 '2시 규칙'은 무엇입니까? 앞으로 나아가기 전에 잠시 멈추고, 숨을 고르고, 방향을 다시 잡아야 할 순간은 언제입니까?

“ *인생에서 가장 큰 실수는*
실수할까 봐 계속 두려워하는 것이다. ”

— 엘버트 허버드(Elbert Hubbard)

12.
음표를 넘어선 음악

음악을 하는 집안이다 보니, 저희 가족은 80대에 접어든 한 저명한 바이올리니스트를 알게 되었습니다. 그는 여러 뛰어난 음악가들을 만난 경험을 포함해 흥미로운 이야기를 많이 들려주곤 했습니다. 어느 날, 그는 오래전 런던에서 피아니스트 클리퍼드 커즌(Clifford Curzon)의 연주회를 들었던 일을 이야기했습니다. 커즌은 차이콥스키의 피아노 협주곡 1번 내림 B단조를 연주했는데, 한 구간의 음을 통째로 빠뜨렸음에도 불구하고 놀라운 연주를 선보였다고 했습니다. 그 경험에서 그 선생님은 깊은 가르침을 전했습니다. "음은 틀릴 수 있지만, 음악은 놓치면 안 됩니다."

음악에서 한두 음을 잘못 치는 일은 전체적인 구성과 예술적 표현이 온전히 살아 있다면 크게 중요하지 않습니다.

작은 실수가 전체 연주를 망치는 것은 아니며, 중요한 것은 그 실수에 흔들려 흐름을 잃거나, 청중에게 전달하려던 경험을 놓치지 않는 것입니다.

완벽 대신 발전에 집중하라

이 생각은 음악을 넘어 삶의 여러 영역에도 그대로 적용됩니다. 우리는 때때로 흔들리거나 실수를 하지만, 더 큰 비전을 향해 계속 노력할 수 있다면 우리가 추구하는 본질은 여전히 빛날 수 있습니다. 사소한 결점에 집착하면 전체를 보는 시야를 잃고, 오히려 나아가는 길을 막을 수 있습니다.

복잡한 일을 하다 보면 완벽함에 도달하기란 거의 불가능합니다. 그러나 작은 실수에 대한 과도한 자기비판은 좌절과 망설임을 낳습니다. “음은 틀릴 수 있지만, 음악은 잃지 말라(You can miss notes, but not the music)”는 말의 지혜는 바로 여기에 있습니다. 작은 실수가 여정 전체를 결정짓지 않는다는 깨달음입니다. 실패를 두려워하기보다 과정을 받아들이고 그 안에서 배움을 얻을 때, 더 큰 회복력과 창의성을 갖게 됩니다.

큰 그림으로 본다는 것

이 철학은 패배주의와 정반대입니다. 좌절 속에서도 의미를 찾고, 다시 나아가게 하는 원동력입니다. 비즈니스든 리더십이든, 개인의 삶이든 실수는 불가피합니다. 중요한 것은 그것이 목표를 가리지 않게 하는 일입니다. 위대한 연주자, 운동선수, 리더 모두 이 원리를 압니다. 진정한 탁월함은 실수를 피하는 것이 아니라, 실수 이후의 회복에서 드러납니다. 성공의 선율은 무결점에서 만들어지지 않습니다. 그럼에도 불구하고 비전을 향해 계속 연주하는 태도에서 완성됩니다.

여러분의 삶에서 지금, 개별 실수보다 집중해야 할 더 큰 그림은 무엇입니까?

“ *레시피에는 영혼이 없다.*
요리사인 당신이 그 레시피에
영혼을 불어넣어야 한다. ”

— 토마스 켈러(Thomas Keller)

13.
요리와 리더십의 예술

요리에서 배울 수 있는 리더십의 원리는 생각보다 많습니다. 흥미롭지 않습니까? 설명드리겠습니다. 첫째, 어떤 재료를 사용할지 직접 선택할 수 있기 때문에 신선하고 좋은 재료만 선택해 품질을 통제할 수 있습니다. 둘째, 서로 다른 재료들이 하나의 완성된 요리로 변하는 과정을 보는 것은 큰 즐거움입니다. 제가 자주 만드는 요리 중 하나는 피자입니다. 제 딸이 가장 좋아하는 음식이기도 합니다. 집에서 만드는 피자의 매력은 단순함에 있습니다. 비용이 적게 들고, 소수의 재료만으로도 건강하게 만들 수 있습니다.

이전 글에서 저는 한 요리사가 말한 두 가지 비법을 인용한 적이 있습니다. 좋은 재료를 쓰는 것, 그리고 조리 과정에서 그 재료를 망치지 않는 것입니다. 저는 여기에 세

번째로 중요한 측면을 하나 더 덧붙이고 싶습니다. 각 재료가 맛과 식감, 향을 만드는 데 어떤 역할을 하는지 이해하는 일입니다. 흥미롭게도, 이러한 요리의 요소들은 효과적인 인재 관리와 여러 면에서 닮아 있습니다.

적절한 재료를 고르고 조합하는 일

요리사가 특정 요리에 맞는 재료를 고르듯, 리더에게도 각 역할에 맞는 적합한 인재를 식별하는 일이 중요합니다. 모든 자리에 항상 'A급' 인재가 필요한 것이 아니라는 점은, 요구되는 역할에 맞게 역량과 성향을 조화시키는 일이 얼마나 중요한지를 잘 보여 줍니다.

레시피를 구성할 때 재료를 맞추는 것과 마찬가지로, 성공적인 팀을 만들기 위해서는 역할과 재능의 조화를 이루어야 합니다. 조직 구조는 구성원들의 고유한 강점에 따라 유연하게 움직일 수 있어야 합니다. 인재가 부족한 부분을 보완하는 일은 외부 채용과 내부 육성을 전략적으로 결합하는 과정이며, 이는 강한 인재 관리와 승계 계획의 중요성을 다시 강조합니다.

인재를 돌보고 성장시키는 것

재료를 잘못 다루면 요리를 망칠 수 있듯이, 인재를 맞지 않는 역할에 배치하거나 지속적인 개발 기회를 제공하지 않으면 조직의 성공을 약화시킬 수 있습니다. 인재가 자신의 강점을 발휘할 수 있는 역할에 있으면서도 계속 성장하도록 도와야 합니다. 리처드 브랜슨이 말했듯이, "직원이 떠날 수 있을 만큼 잘 훈련시키되, 떠나고 싶지 않을 만큼 잘 대하라"는 말이 이를 잘 보여 줍니다.

결국 효과적인 리더십은 요리의 과정과 비슷합니다. 숙련된 요리사가 자신만의 '레시피'를 만들듯, 리더도 성공이 어떤 모습인지 규정하고, 서로 다른 재능을 고유한 '재료'로 조합해 뛰어난 결과를 만들어 내야 합니다. 인재 관리는 요리와 마찬가지로, 각 요소의 잠재력을 이해하고, 돌보고, 최대한 발휘되도록 하는 데 기반을 둡니다.

여러분은 팀의 잠재력을 이끌어 내기 위해 자신의 리더십 '레시피'를 어떻게 다듬고 있습니까?

“ *삶은 꽤 빠르게 흘러간다.*
가끔 멈춰서 주변을 살펴보지 않으면,
그 모든 것을 놓칠 수 있다. ”

— 페리스의 해방일(Ferris Bueller's Day Off)

14.

빠르게 흘러가는 세상 속에서 고요함 찾기

일리노이주에서 살던 시절, 제 집 뒤편에는 꽤 넓은 연못 세 개가 있었습니다. 도심 속에서도 마치 예기치 못한 피난처처럼 느껴지는 공간이었습니다. 주택가 한가운데였지만, 그 연못에는 놀라울 만큼 다양한 야생 동물들이 찾아왔습니다. 저는 종종 그 주변 산책로를 따라 걷거나 뛰면서, 일상 속에서 놓치기 쉬운 자연의 장면들을 관찰했습니다.

계절마다 캐나다 기러기들이 찾아왔고, 크고 당당한 왜가리(Great Blue Heron)도 자주 모습을 드러냈습니다. 운 좋게도 기미라로 물고기를 낚아채는 장면을 포착한 적도 있습니다. 가장 보기 드문 새는 대백로(Great Egret)였는데, 몇 번 밖에 만나지 못했습니다. 어느 해에는 펠리컨 한 쌍이 나타나기도 했습니다. 이 지역에서는 흔치 않은 일이었지요.

연못에는 사향쥐(muskrat) 들도 연못 주변에 보금자리를 틀었고, 가끔 수영을 하거나 풀을 뜯는 모습이 보이곤 했습니다.

야생 동물과의 예기치 못한 만남

특히 기억에 남는 경험은 스노우 구스(Snow Goose)와 관련된 것이었습니다. 대개 큰 무리를 지어 이동하는 종인데, 그때 만난 새는 완전히 혼자였습니다. 저는 그때까지 본 적이 없어 무엇인지 찾아보았습니다. 몇 달 동안 이 아름다운 새의 모습을 여러 번 사진으로 담았습니다. 대부분을 혼자 보내다가, 가끔 캐나다 기러기와 함께 있는 모습이 보이기도 했습니다. 그러다 어느 순간 자취를 감췄습니다.

또 다른 날에는 달리기를 하던 중 마른 진흙덩이 같은 작은 물체를 발견했습니다. 가까이에서 보니 아주 작은 거북이었습니다. 살아 있는지 확신할 수 없었지만, 조심스럽게 연못에 넣어 주었습니다. 몇 초 뒤, 거북이는 움직이기 시작했고, 물속에서 고개를 내밀어 저를 바라보았습니다. 무엇을 생각하고 있었을지 알 수 없지만, 잠시나마 한 생명을 살렸다는 기쁨이 제 마음을 채웠습니다.

가장 강하게 남아 있는 순간은 20년 동안 몸담았던 캐터필러를 떠나던 바로 그날 일어났습니다. 그날 저는 이웃집 울타리 사이에 작은 토끼 한 마리가 끼어 있는 것을 보았습니다. 이웃이 작은 개들을 키워 울타리 간격이 평소보다 더 좁게 되어 있었습니다. 토끼는 극도로 놀란 상태였고, 옆구리에 피가 나고 있었으며 꼬리도 사라진 상태였습니다. 아마 매의 공격을 받은 것으로 보였습니다. 매는 보지 못했지만, 제가 다가가자 날아가 버린 것이라고 생각했습니다. 저는 힘들게 토끼를 빼냈고, 토끼는 바로 달아났습니다. 중요한 전환의 날에 이런 일이 일어난 것이 상징적으로 느껴졌습니다. 변화의 순간에도 누군가에게 작은 도움이 될 기회는 언제나 존재한다는 것을 보여 주는 듯했습니다.

자연이 주는 교훈

자연을 관찰하는 일은 단순한 취미를 넘어섰습니다. 그 시간들은 제게 성찰과 명료함, 그리고 새로워지는 감각을 주었습니다. 업무상의 어려움과 바쁜 일정 속에서도, 이런 경험들은 속도를 늦추고 주변의 세상을 바라보며 예상하지 못한 곳에서 아름다움을 찾으라는 메시지를 다시 떠올리게 했습니다.

하늘을 가르는 매에서부터 집 2층 창문에 붙어 있던 작은 청개구리에 이르기까지, 그 모든 순간에는 배울 점이 담겨 있었습니다. 자연은 서두르지 않지만, 제때에 모든 것을 이룹니다.

문득 생각하게 됩니다.

오늘, 잠시 멈춰 주변을 바라본 적이 있습니까?

“ *리더십은 두려움이 없는 것이 아니라,*
두려움에도 불구하고
어려운 결정을 내리는 것이다. ”

— 작자 미상

15.
두려움은 책임감의 신호

앞서 말씀드렸듯이 제 아내는 전문 피아니스트이고, 제 딸은 바이올린을 연주합니다. 그래서 우리 집에는 늘 클래식 음악이 흐릅니다. 최근 두 사람은 유튜브에서 《Living the Classical Life》의 한 에피소드를 보고, 저에게도 보여 주었습니다. 제목은 〈For Me, Life Is Beginning at Ninety〉였고 주인공은 피아니스트이자 작곡가이며 교육자인 시모어 번스타인(Seymour Bernstein)이었습니다.

1927년생인 그는 평생 음악에 헌신한 예술가로, 나이가 들어서도 배움과 성장, 그리고 성취를 멈추지 않았습니다. 그가 "나에게 삶은 아흔부터 시작된다"고 한 말은 삶의 후반부에서도 계속 성장과 의미를 추구하는 태도를 보여 줍니다. 이 에피소드에서 그는 배우이자 감독인 이선 호크(Ethan Hawke)와 나눈 대화를 회상합니다. 이선 호크가 무대 공포증(stage fright)을 고백하자, 번스타인은 이렇게 대답했습니다.

“제가 이선 호크에게 말했듯, 그 감정을 자랑스럽게 여기세요. 그것은 당신이 책임감 있는 사람이라는 증거입니다. 만약 책임감이 없다면 그런 감정은 느끼지 못했을 겁니다.”

리더십도 다르지 않습니다. 두려움은 부끄러워할 감정이 아니라, 책임감을 지닌 사람만이 느낄 수 있는 감정입니다. 특히 다른 리더를 이끌어야 하는 위치에 있을수록 결정의 무게는 커집니다. 그러나 그 감정을 회피하지 않고 받아들일 때, 그것은 오히려 자신감과 성장의 원천이 됩니다.

사람을 키우는 것이 리더십의 본질

번스타인은 인터뷰에서 자신이 가르치는 일을 얼마나 사랑했는지도 이야기했습니다.

“나는 가르치는 일을 정말 사랑했습니다. 제자가 자신을 믿게 되는 순간을 함께 느낄 때 가장 기뻤습니다. 어떤 구절을 연주할 수 있다고 믿고 함께 연습하다가, 결국 그 부분을 완벽히 연주해 내면 제자는 놀라워하며 기뻐합니다.

나는 그 기쁨에서 열 배의 보람을 느낍니다. 그것이 가르침의 가장 위대한 순간입니다."

이 말은 리더십의 본질과 정확히 맞닿아 있습니다. 훌륭한 리더는 사람을 성장시키는 사람입니다. 리더는 교사처럼, 음악가처럼 팀원을 정성껏 다듬고 성장시켜야 합니다. 각자의 강점과 어려움을 이해하고—마치 악보와 리듬을 읽듯—그 사람의 잠재력을 끌어내어 조직의 미래를 함께 만들어 가는 일. 그것이 진정한 리더십의 핵심입니다.

리더십은 예술이다

에피소드의 마지막에서 피아니스트 졸트 보그나르(Zsolt Bognár)가 번스타인에게 묻습니다.

"백 년 후, 우리가 모두 이 세상에 없을 때, 당신은 피아니스트이자 선생님으로서 어떻게 기억되고 싶으신가요?"

그는 잠시의 망설임도 없이 답했습니다.

"저는 '한 사람'으로 기억되고 싶습니다. 지금 제가 인간관계에 관해 전하려고 애쓰는 모든 것, 바로 그것으로 기억되길 바랍니다. 인생은 결국 관계입니다. 우리는 우리 안의 가장 좋은 것을 나누고, 다른 사람들이 스스로를 긍정적으로 느끼도록 돕고 싶어합니다. 저는 그런 사람으로 기억되고 싶습니다."

이 말에는 리더십에서 종종 간과되지만 가장 중요한 두 가지 자질이 담겨 있습니다. 겸손(humility)과 공감(empathy)이 바로 그것입니다. 성과와 실행도 중요하지만, 그 바탕에는 더 깊은 목적—사람을 성장시키고, 진정성 있는 관계를 만들며, 진심으로 이끄는 마음—이 자리해야 합니다.

저는 자주 존 C. 맥스웰(John C. Maxwell)의 말을 떠올립니다.

"리더십의 진정한 척도는, 당신이 자리에 없을 때 다른 사람들이 잘 이어 갈 수 있도록 그들을 얼마나 준비시켰느냐에 달려 있다."

이것이 진정한 리더십의 본질입니다. 리더십은 단순한 실행이 아니라, 영감·창의성·인간적 연결이 어우러진 예술입니다. 마치 음악처럼 말입니다.

여러분은 리더로서, 다른 사람을 어떻게 성장시키고 고양시키고 있습니까?

*“위대한 일을 해내기 위해
영웅일 필요는 없다.
충분한 동기를 가진 평범한 사람도
도전적인 목표를 이룰 수 있다.”*

— 에드먼드 힐러리 경(Sir Edmund Hillary)

16.
등반에서 얻은 교훈

2024년, 저는 짧은 일정으로 일본을 방문했고, 오랜 꿈이던 후지산(3,776m) 등반을 했습니다. 누군가에게는 쉬운 산일지 모르지만, 저에게 그 경험은 겸손과 성찰의 여정이었습니다. 정상을 향해 올라가면서, 이 등반이 산 자체를 넘어 삶 전반에 이어지는 여러 깨달음을 준다는 것을 느꼈습니다.

준비가 핵심이다

몸이 예전 같지 않다고 느꼈기에, 등반을 앞두고 규칙적인 운동을 다시 시작했습니다. 또한 예상할 수 없는 날씨를 대비해 비옷, 지팡이, 적절한 복장을 포함해 필요한 장비를 철저히 준비했습니다. 돌이켜 보면, 그 모든 준비가 다 필요했습니다. 삶은 종종 예기치 못한 도전을 던지지만, 기초를 단단히 다져 두면 여정은 훨씬 수월해질 수 있습니다.

속도보다 중요한 균형

등반 초반, 저는 체력이 좋아 속도를 너무 높였습니다. 생각보다 빠르게 8합목(정상은 10합목)에 도달했지만, 곧 한계를 느꼈습니다. 속도를 조절하며 한 걸음씩 나아가자 오히려 더 오래 버틸 수 있었고, 끝내 완주할 수 있었습니다. 그때 깨달았습니다. 장기적인 목표를 이루기 위해서는 속도를 늦출 줄 아는 지혜가 필요하다는 것을 말입니다.

8합목 이후에는 지쳐 있던 한 등반객을 돕기 위해 속도를 더 늦추었습니다. 함께 오르느라 시간이 더 걸렸지만, 그 선택을 후회하지 않습니다. 후지산 등반은 속도 경쟁이 아니라 여정 그 자체, 그리고 그 여정 속에서 함께한 사람들과의 경험이었습니다. 진정한 성공은 개인의 완주가 아니라 함께 성장하고, 서로를 돕는 과정에서 완성된다는 것을 배웠습니다.

등반은 또 하나의 중요한 사실을 가르쳐 주었습니다. 모든 사람의 여정이 서로 다르다는 것입니다. 어떤 사람은 빠르게 오르고, 어떤 사람은 자주 쉬며, 또 어떤 사람은 누군가의 격려를 필요로 합니다. 삶도 그렇습니다.

성공은 속도로 결정되지 않습니다. 어려움을 어떻게 극복하고, 그 과정에서 다른 사람을 어떻게 도우며 나아가느냐에 달려 있습니다.

감사와 다음 도전

등반 여정을 도와준 친구 스즈키 히카루(Suzuki Hikaru)에게 깊이 감사드립니다. 그는 철저한 준비뿐 아니라, 등반 중 나눈 비즈니스와 문화, 그리고 삶에 대한 대화로 그 경험을 더욱 특별하게 해 주었습니다. 후지산 등반은 단순한 개인의 성취를 넘어, 준비·인내·끈기의 가치를 되새기게 한 여정이었습니다. 정상에 섰을 때의 성취감도 컸지만, 그보다 더 큰 의미는 다시 도전하고 싶은 마음이 생겼다는 것입니다. 그래서 저는 또 한 번 후지산에 오를 준비를 하고 있습니다.

여러분에게 삶의 중요한 교훈을 준 도전은 무엇이었습니까?
그 여정이 여러분에게 어떤 변화를 남겼습니까?

“ *생존하는 종은 가장 강한 것도,*
가장 똑똑한 것도 아니다. 변화에 가장 잘
적응하는 종이 살아남는다. ”

— 찰스 다윈(Charles Darwin)

17.
전략과 유연성의 균형

2024년 월드 챔피언십 우승을 차지한 LA 다저스에 축하를 보냅니다! 이번 우승은 놀라운 성취로, 성공에서 적응력이 얼마나 중요한 역할을 하는지를 다시 한번 일깨워준 사례였습니다.

그들의 우승은 마이클 루이스의 《머니볼(Moneyball)》을 떠올리게 했습니다. 이 책은 자금이 부족했던 오클랜드 애슬레틱스가 어떻게 혁신적인 전략을 통해 높은 수준에서 경쟁했는지를 다룹니다. 단장 빌리 빈의 지휘 아래, 애슬레틱스는 출루율처럼, 간과되던 지표를 활용해 저평가된 선수를 찾아냈고, 기존의 스카우팅 방식을 뒤흔들며 제한된 예산 속에서도 경쟁력 있는 팀을 구축했습니다.

다저스는 훨씬 더 높은 연봉 규모를 가진 팀이기 때문에 전형적인 '머니볼' 사례라고 하기는 어렵습니다. 그러나 이 책은 순수한 통계 중심 접근이 갖는 중요한 한계, 특히 포스트시즌에서의 한계를 강조합니다. 루이스는 세이버매트릭스(sabermetrics)가, 긴 정규 시즌 동안에는 팀에 우위를 제공하지만, 포스트시즌은 다르다고 말합니다. 짧은 시리즈와 높은 긴장감의 경기는 예측할 수 없는 요소들을 만들어 내는데, 단 한 번의 플레이, 불운의 연속, 혹은 예상치 못한 슬럼프가 결과를 결정할 수 있기 때문입니다.

적응력이 데이터를 넘어설 때

다저스의 우승 행보는 이 점을 입증했습니다. 팀의 가장 큰 스타 중 한 명인 쇼헤이 오타니(Shohei Ohtani)가 포스트시즌에서 고전했지만, 토미 에드먼(Tommy Edman)과 부상 중이었던 프레디 프리먼(Freddie Freeman)처럼 예상 밖의 선수들이 역할을 해냈습니다. 데이브 로버츠(Dave Roberts) 감독은 접근 방식을 조정해 불펜 운용에 크게 의존했는데, 이는 정규 시즌 중에는 공격적으로 사용하지 않았을 전략이었습니다. 반대로, 양키스는 주전 선수들의 부진과 실책으로 5차전에서 시리즈를 내주었습니다.

이 교훈은 야구를 넘어섭니다. 데이터 기반 전략은 반복적이고 안정적인 환경에서는 매우 잘 작동하지만, 긴장감이 크고 예측하기 어려운 상황에서는 종종 어려움을 겪습니다.

예를 들어, 기업들은 효율성을 위해 공급망을 최적화하지만, 최근 팬데믹과 지정학적 긴장, 자연재해, 파업 등의 혼란은 유연성 부족이 얼마나 위험한지 보여 주었습니다. 백업 계획 없이 낭비 제거와 비용 효율적인 운영에만 의존한 기업들이 가장 큰 타격을 받았습니다. 반면, 유연성·중복성·대체 조달을 포함한 기업들은 변화에 훨씬 잘 적응할 수 있었습니다.

데이터와 유연성의 조화라는 예술

데이터는 장기 전략과 효율성 향상에 있어 강력한 도구입니다. 그러나 위기 상황에서는 숫자보다 사람의 판단과 상황 대응력이 결정적인 역할을 합니다. 장기적인 성공은 바로 이 두 요소—데이터 기반 사고와 인간적 유연성—의 균형에서 비롯됩니다.

스포츠든, 비즈니스든, 리더십이든 원리는 같습니다. 전략은 성공의 구조를 세우지만, 세상이 예상대로 움직이지 않을 때 그 전략을 다시 조정하고 전환할 수 있는 유연성이 진짜 경쟁력입니다.

여러분은 지금, 일과 삶에서 데이터가 주는 확신과 유연성이 주는 자유 사이에서 어떻게 균형을 잡고 있습니까?

"한 나라의 문화는
그 국민의 마음과
영혼 속에 존재한다."

— 마하트마 간디(Mahatma Gandhi)

18.
언어를 넘어 문화를 이해하기

저는 운 좋게도 여러 나라를 여행하며 다양한 문화와 관습을 경험할 수 있었습니다. 새로운 장소를 방문할 때 제가 가장 좋아하는 연결 방식은 그 지역 사람들과 음식을 함께 나누는 일입니다. 식사는 단순한 행위가 아니라, 말보다 깊이 문화를 이해하게 해 주는 경험입니다. 이런 만남들은 개인적으로도 의미 있었지만, 비즈니스에서도 큰 도움이 되었습니다. 문화적 이해가 있을 때 관계는 더 견고해지고, 협업은 훨씬 원활해지기 때문입니다.

문화 인식의 중요성

하지만 낯선 문화에 대한 이해가 부족하면, 아무리 의도가 좋아도 실수를 할 수 있습니다. 그중 흥미로운 예가 바로 'V' 손가락 제스처입니다. 많은 나라에서 손바닥을 바깥으로 향한 'V' 사인은 평화나 승리를 뜻하며, 2차 세계대전 시기부터 널리 쓰이기 시작했습니다. 그러나 같은 제스처라도 손바닥을 안쪽으로 돌리면 전혀 다른 의미가 됩니다. 영국, 아일랜드, 호주, 뉴질랜드 등에서는 모욕적인 신호로 받아들여집니다. 실제로 윈스턴 처칠(Winston Churchill)도 처음에는 이 제스처를 잘못 사용했다가, 이후 손바닥 방향을 바꿨다는 일화가 전해집니다.

저는 한때 이 제스처의 기원에 대해 비공식적이지만 흥미로운 이야기를 조사한 적이 있습니다. 그 이야기는 백년전쟁 시기(14~15세기)로 거슬러 올라갑니다. 전설에 따르면, 영국의 궁수들은 두 손가락(집게손가락과 중지)을 들어 올리며 "아직 활을 쏠 수 있다"는 의지를 보였다고 합니다. 프랑스군이 포로로 잡은 궁수들의 손가락을 잘라 다시는 활을 못 쏘게 했다는 이야기도 있습니다. 이 이야기는 역사적으로 확증된 것은 아니지만, 여전히 많이 회자되는 문화적 일화입니다. 문화의 상징이 이렇게 다양한 의미를 가질 수 있다는 사실 자체가 흥미롭습니다.

배움과 연결의 힘

오늘날처럼 전 세계가 긴밀히 연결된 시대에는, 문화 인식(cultural awareness)의 중요성이 더욱 큽니다. 몸짓, 전통, 관습의 미묘한 차이를 이해하면 상대를 더 깊이 존중할 수 있고, 불필요한 오해를 피할 수 있습니다. 그 결과, 관계는 단순한 교류를 넘어 신뢰와 진정한 연결로 발전합니다.

모든 문화에는 언어를 넘어선 고유한 소통의 방식이 있습니다. 그 차이를 배우고 존중하는 데 시간을 들인 사람은, 언제나 더 넓은 세상과 더 깊은 인간적 관계를 맺게 됩니다. 아직 가 보지 못한 나라들이 많지만, 저는 앞으로도 새로운 문화를 배우고 다른 사람들과 연결되기를 바랍니다. 새로운 문화를 경험하는 일은 단순히 낯선 장소를 보는 것이 아니라, 세상을 바라보는 또 하나의 시선을 배우는 일이기 때문입니다.

여러분이 경험한 문화적 통찰 중, 여러분의 세계관을 바꾸어 놓은 것은 무엇입니까?

“ *작은 일밖에 할 수 없다고*
아무것도 하지 않는 것은
가장 큰 잘못이다.
할 수 있는 일을 하라. ”

— 시드니 스미스(Sydney Smith)

19.
작은 행동의 힘

제 커리어 초기에 멘토 한 분이 회사의 대규모 프로젝트를 추진하던 중 '불가사리 이야기'를 들려주신 적이 있습니다. 아마 익숙한 이야기일 겁니다. 그래도 다시 한번 전체를 함께 떠올려 보겠습니다.

폭풍이 지나간 어느 아침, 한 남자가 해변을 걷고 있었습니다. 해안가에는 물결에 밀려 올라온 수천 마리의 불가사리가 흩어져 있었습니다. 물이 없으면 곧 죽을 상황이었습니다. 남자는 해변을 따라 걸으며, 한 소년이 불가사리를 하나씩 주워 바다로 던지는 모습을 보게 되었습니다. 궁금해진 그는 소년에게 다가가 말했습니다. "불가사리가 이렇게 많은데, 다 살릴 수는 없잖니? 네가 한다고 해서 무슨 차이가 있겠니?" 소년은 또 하나의 불가사리를 주워 바다에 던지며 대답했습니다

"저 불가사리에게는 차이가 있어요."

작은 노력이 만드는 큰 변화

이 이야기는 개인의 행동이 가진 힘과, 큰 문제가 버겁게 느껴질 때에도 변화를 만드는 일이 얼마나 중요한지를 보여 줍니다. 모든 문제를 해결하거나 모든 사람을 도울 수는 없지만, 우리의 행동이 여전히 의미 있는 영향을 줄 수 있다는 것을 일깨워 줍니다. 그것이 한 사람을 향한 것이든, 한 순간을 위한 것이든, 한 가지 목적을 위한 것이든 말입니다.

이 이야기에서 불가사리는 하나의 도전이나 문제를 상징합니다. 그런데 불가사리를 '하루'라고 생각해 보면 어떨까요? 삶은 종종 감당하기 어려운 장애물을 던져 스트레스를 주고, 어떻게 앞으로 나아가야 할지 불안하게 하곤 합니다. 해야 할 일이 너무 많아 몸이 움츠러드는 순간도 있습니다. 하지만 이야기 속 소년처럼, 하루하루 차근차근 나아갈 수 있습니다.

이야기에서 바다는 희망과 앞으로의 움직임을 상징합니다. 작은 노력도 우리 주변에 긍정적인 파장을 만들 수 있다는 뜻입니다. 모든 것을 한 번에 해결할 필요는 없습니다. 다만 계속 앞으로 나아가면 됩니다. 누구에게나 완벽한 하루는 없고, 모든 문제를 해결할 수도 없습니다. 그러나 하루는 더 큰 여정의 일부이며, 긍정과 의지를 가지고 그 하루를 맞이하는 것이 중요합니다.

여러분의 불가사리는 무엇입니까?
오늘, 여러분은 어떻게 변화를 만드시겠습니까?

“ *바쁘기만 한 것은 충분하지 않다.*
개미들도 바쁘다. 중요한 것은
우리가 무엇에 바쁜가이다. ”

— 헨리 데이비드 소로(Henry David Thoreau)

20.
잘못된 문제 해결의 위험

저는 학교와 초기 커리어 시절에 통계 분석을 자주 나뤘습니다. 그 과정에서 가설 검정이 이론을 검증하는 핵심 도구라는 사실을 배웠지만, 동시에 그것이 완벽하지 않다는 점도 깨달았습니다. 우리가 다루는 데이터는 언제나 한정되어 있고, 그 때문에 오류가 생길 수 있습니다. 통계에서는 이를 두 가지로 구분합니다. 1종 오류(False Positive)는 실제로는 거짓인 것을 참이라고 믿는 경우, 즉 무죄인 사람을 유죄로 판단하는 상황입니다. 2종 오류(False Negative)는 반대로, 실제로는 참인 것을 놓치는 경우로, 유죄인 사람을 무죄라고 결론 내리는 상황을 뜻합니다.

이 두 가지는 비교적 이해하기 쉽지만, 여기서 자주 간과되는 또 하나의 오류가 있습니다. 바로 3종 오류(Type 3

Error)입니다. 3종 오류는 문제를 잘못 정의한 채 엉뚱한 해답을 구할 때 발생합니다. 분석 결과가 아무리 정교해도, 출발점이 잘못되면 결론은 무의미합니다. 예를 들어, 강을 건너기 위해 몇 시간 동안 다리를 세웠는데, 알고 보니 강이 무릎 아래로 얕아서, 걸어서도 건널 수 있다면 어떨까요? 다리는 완벽하게 완성했지만, 애초에 필요하지 않았던 것입니다. 실행은 완벽했지만 방향이 틀린 전형적인 3종 오류입니다.

이런 오류는 이론 속 이야기로만 존재하지 않습니다. 기업의 의사결정, 정책 수립, 개인의 선택 등 현실의 거의 모든 영역에서 반복됩니다. 잘못된 문제를 붙잡으면 자원이 낭비되고, 갈등이 생기며, 결과적으로 실망이 남습니다. 이를 피하려면 해결책을 서두르기보다 먼저 문제의 본질을 점검해야 합니다.

"우리가 지금 집중하고 있는 것이 진짜 문제인가?"

이 한 문장을 스스로에게 던질 수 있어야 합니다.

3종 오류를 막는 방법은 생각보다 단순합니다.

- 관련된 사람들과 충분히 소통해 진짜 목표가 무엇인지 확인하기.
- 충분한 시간을 들여 문제의 범위와 원인을 명확히 정의하기.

• 실행 전에 질문이 올바른지, 목표가 적절한지 다시 검증하기.

데이터를 분석할 때든, 프로젝트를 추진할 때든, 인생의 중요한 결정을 내릴 때든, 결국 핵심은 같습니다. 문제 해결 능력보다 더 중요한 것은 '올바른 문제를 고르는 능력'입니다.

오늘 답하려는 질문이 잘못됐다면, 아무리 완벽한 해법도 의미를 잃습니다. 그러므로 늘 스스로에게 물어야 합니다.

"나는 지금 정말 올바른 문제를 해결하고 있는가?"

“ *별은 어둠 없이는 빛날 수 없다.* ”

— 작자 미상

21.
어둠 속에서 명료함 찾기

돌이켜 보면, 누구에게나 그런 시간이 있습니다. 저에게도 깊은 불안과 혼란 속에서 길을 잃은 듯한 시기가 있었습니다. 그 무렵 저는 밤이나 새벽마다 하늘을 올려다보며 별들을 바라보곤 했습니다. 스스로에 대한 의심, 내일에 대한 불확실함, 쉽지 않은 결정들이 이어졌지만, 묵묵히 빛나는 별을 보면 이상하게도 마음이 가라앉았습니다. 별들은 멀리 있었지만 언제나 같은 자리를 지켰고, 광활한 어둠 속에서도 변함없이 제 빛을 내고 있었습니다.

그 무렵 제가 살던 곳은 대도시와 달리 인구가 드문 주택가라 별을 보는 일이 그리 어렵지 않았습니다. 그래도 별빛을 더 또렷하게 보고 싶을 때면 주택가의 불빛을 벗어나 자동차를 몰고 더 멀리 나가곤 했습니다. 인공 조명은 소음처럼 번져 별의 선명함과 아름다움을 흐려 놓았습니다. 정말 어두운 곳에 닿고 나서야 비로소 밤하늘을 온전히 느낄 수 있었습니다.

방해를 걷어 낼 때 드러나는 진짜 빛

그 경험은 제게 중요한 깨달음을 남겼습니다. 별이 주변의 빛이 사라질 때 가장 또렷해지듯, 우리 인생의 목표나 꿈도 불필요한 방해가 걷힐 때 비로소 명확해집니다. 오늘날 우리는 끝없는 알림, 멈추지 않는 요구, 남의 시선과 기대 속에서 살고 있습니다. 그 모든 자극이 우리의 중심을 흔들고, 정말 중요한 것을 가리는 공해가 됩니다.

명료함은 화려하거나 분주한 순간에 찾아오지 않습니다. 오히려 고요함 속, 혼자만의 시간 속에서 자신과 마주할 때 생겨납니다. 세상의 소음이 멎을 때, 생각의 결이 또렷해지고 마음의 방향이 드러납니다. 별이 어두운 밤하늘에서 더욱 빛나듯, 우리의 목적도 삶이 가장 어두울 때 오히려 더 선명해질 수 있습니다. 단, 그 어둠 속을 두려워하지 않고 바라볼 용기가 있다면 말이죠.

오늘 밤 잠시 하늘을 올려다보세요. 휴대폰을 내려놓고, 소음을 멀리한 채 고요 속에 서 보세요. 그때 여러분의 마음속 북극성이 어디를 가리키는지, 무엇이 여전히 흐릿하게 빛을 가리고 있는지, 차분히 떠올려 보시기 바랍니다.

여러분의 시야를 흐리는 방해 요소는 무엇입니까?
그것을 걷어 내어, 진정 중요한 것을 바라볼 용기를 어떻게 찾을 수 있습니까?

“ *꼬리로 고양이를 들고 있는 사람은*
다른 어떤 방식으로도
배울 수 없는 것을 배우게 된다. ”

— 마크 트웨인(Mark Twain)

22.
경험만이 가르쳐 줄 수 있는 교훈

이 말은 우스우면서도 깊은 진실을 담고 있습니다. 삶에서 어떤 깨달음은 직접 겪어야만—때로는 아프게—배울 수 있기 때문입니다. 고양이를 꼬리로 잡아 든 모습을 떠올려 보십시오. 누구나 실수라는 걸 알지만, 막상 그렇게 해 보면 왜 그게 나쁜 생각인지 금세 깨닫게 될 것입니다. 어떤 경고보다도 훨씬 선명하게 말입니다.

제가 좋아하는 또 다른 말도 있습니다. "경험은 가장 엄격한 스승이다. 시험을 먼저 치르게 하고, 가르침은 그 뒤에 준다." 이는 흔히 오스카 와일드의 말로 알려져 있지만 정확한 출처는 분명하지 않습니다. 그럼에도 이 문장이 와닿는 이유는, 삶이 우리를 시험과 시행착오 속에 던져 놓은 뒤에야 비로소 의미를 깨닫게 하는 현실을 정확히 말해 주기 때문입니다. 우리는 늘 준비할 시간을 갖지 못합니다. 어떤 순간은 예고 없이 찾아오고, 지나고 나서야 그 경험이 무엇을 말해 주었는지 또렷이 이해하게 됩니다.

경험을 통해 배우는 힘

경험은 종종 가장 뛰어난 스승입니다. 특히 실수를 통해 배우는 과정에서는 더욱 그렇습니다. 제가 얻은 가장 큰 배움 가운데 많은 부분은 스포츠와 직장에서의 직접적인 경험에서 나왔습니다. 축구와 라켓볼을 할 때마다 실수는 다음 경기를 위해 제 실력을 다듬는 기회였습니다. 직장에서도 마찬가지였습니다. 신입 시절 품질과 신뢰성을 담당하던 엔지니어로 일할 때는 흑백이 명확한 의사결정이 대부분이었습니다. 하지만 리더의 역할을 맡으면서 곧 깨달았습니다. 성공은 더 이상 논리와 데이터만으로 이루어지지 않으며 결국 사람과 어떻게 효과적으로 일하느냐가 핵심이었습니다. 어떤 교과서에서도 그 점을 온전히 배우지 못했습니다. 리더십은 실제로 부딪치고 해 보아야만 익힐 수 있는 일이라는 것을, 저는 경험을 통해 배웠습니다.

그럼에도 가장 어려운 교훈은 사람을 대하는 과정에서 찾아왔습니다. 어떤 사람은 예상한 그대로였지만, 어떤 사람은 전혀 다른 모습으로 다가오기도 했습니다. 한때는 굳건해 보였던 관계나 우정도, 커리어나 지위의 변화, 삶의 전환점 같은 상황이 바뀌면 서서히 흐려지곤 했습니다. 아마 여러분도 비슷한 경험이 있을 것입니다.

실수를 포용하고 앞으로 나아가기

결국 실수와 실패가 우리를 단련시키고, 더 강하고 더 지혜로운 사람으로 성장하게 합니다. 그 과정에서 우리는 회복력을 쌓고, 시간이 흐른 뒤에는 그 경험이 더 큰 성공으로 이어지기도 합니다. 중요한 것은 그 경험을 받아들이고, 거기서 배우며, 가능하다면 다른 사람의 실수에서도 깨달음을 얻어 불필요한 어려움을 피하는 일입니다.

자, 그렇다면 여러분이 최근에 고양이 꼬리를 잡은 이야기는 무엇입니까?

“ 독수리는 폭풍을 두려워하지 않는다.
그저 날개를 펴고
폭풍 위로 날아오를 뿐이다. ”

— 작자 미상

23.
역경을 극복하는 힘

짐 소프(Jim Thorpe)는 미국의 운동선수이자 올림픽 금메달리스트로, 색 앤 폭스(Sac and Fox) 부족 출신의 원주민이었습니다. 그는 미국 올림픽 역사상 최초로 금메달을 획득한 원주민이자, 현대 스포츠 역사에서 가장 다재다능한 선수 중 한 명으로 평가받습니다. 소프는 1912년 스톡홀름 올림픽 5종 경기와 10종 경기 모두에서 금메달을 획득했으며, 이후 프로 미식 축구, 야구, 농구에서도 눈부신 활약을 펼쳤습니다. 타고난 운동 능력과 강한 의지가 그를 특별하게 만들었습니다. 1950년, AP통신(Associated Press)은 그를 베이브 루스보다 앞선 20세기 전반기의 최고 선수로 선정했습니다.

짝이 맞지 않는 신발의 교훈

1912년 올림픽에서 소프가 서로 다른 신발과 양말을 신고 뛴 사진은 지금도 유명합니다. 그 사연은 단순한 해프닝이 아니라 회복력의 상징으로 남았습니다. 대회 당일 누군가 그의 신발과 양말을 훔쳐 갔고, 급박한 상황에서 그는 쓰레기통에서 주운 두 짝의 신발을 신고 경기에 나섰습니다. 크기가 맞지 않아 한쪽 발에는 양말을 두 겹으로 신은 채 경기에 임했습니다. 결과는 놀라웠습니다. 그는 두 종목에서 금메달을 따냈습니다.

이 일화는 인내의 본질을 보여 줍니다. 오늘날처럼 선수들이 첨단 장비와 기술에 의존하는 시대에도, 소프의 성취는 위대함이 도구나 환경이 아니라 사람의 내면에서 비롯된다는 사실을 일깨워 줍니다. 그는 불리한 조건을 탓하지 않았고, 있는 그대로의 상황을 받아들이며 끝까지 자신의 역량을 발휘했습니다. 그의 태도는 성공은 완벽한 조건에서 나오는 것이 아니라, 주어진 제약을 극복하고자 하는 의지에서 시작된다는 점을 증명했습니다.

소프가 남긴 회복력의 유산

인생은 언제나 예기치 못한 도전으로 우리의 결의를 시험합니다. 그러나 소프처럼 누구나 노력과 끈기, 올바른 마음가짐으로 이를 이겨 낼 수 있습니다. 그는 불가항력적인 상황에서도 냉정을 잃지 않았고, 자신이 통제할 수 있는 일에 집중했습니다. 포기 대신 적응을, 불평 대신 행동을 선택함으로써 그는 역경을 성장의 무대로 바꾸었습니다.

소프의 이야기는 장애물이 끝이 아니라 회복력을 드러낼 기회임을 일깨웁니다. 우리가 상황을 선택할 수는 없지만, 그 상황에 어떻게 대응할지는 스스로 선택할 수 있습니다. 폭풍을 피해 숨는 대신 그 위로 날아오르는 독수리처럼, 우리 역시 시련을 발판으로 삼아 더 높은 곳으로 나아갈 수 있습니다.

지금 여러분 앞에 놓인 장애물은 무엇입니까?
그 장애물을 극복하기 위해 어떻게 방향을 조정할 수 있습니까?

“ *위대한 리더는 영감을 주는 것에*
그치지 않고, 그들이 이끄는
사람들의 성장을 위해 투자한다. ”

— 작자 미상

24.
성장을 위한 올바른 환경

비단잉어의 최대 크기는 유전적으로 정해져 있지만, 그 성장 속도와 한계는 환경에 따라 달라집니다. 작은 연못에서 자란 비단잉어는 한정된 공간과 먹이 경쟁, 좋지 않은 수질 등으로 인해 성장이 억제됩니다. 더 크게 자랄 잠재력이 있음에도 불구하고, 주변 환경이 그 성장을 막는 것입니다. 반면, 넓고 깨끗한 연못에서 자란 비단잉어는 충분한 공간과 여유를 바탕으로 자신의 최대 크기까지 성장할 수 있습니다.

리더십과 성장은 함께 간다

이 원리는 사람의 성장에도 똑같이 적용됩니다. 누구나 타고난 가능성이 있지만, 그 잠재력이 얼마나 멀리 뻗어

갈 수 있는지는 환경이 결정합니다. 조직에서의 리더십, 배움의 기회, 신뢰와 지원의 문화가 그 사람의 성장 곡선을 바꿉니다. 작은 연못 속의 비단잉어처럼, 제한된 리더십 아래 놓인 사람은 자신의 가능성을 충분히 펼치기 어렵습니다. 따라서 리더는 장벽을 제거하고, 도전할 수 있는 공간과 자원, 그리고 실수를 통해 배울 수 있는 기회를 마련해 주어야 합니다.

성장을 돕는 방식은 사람마다 다릅니다. 어떤 이에게는 학습과 교육의 기회가 필요하고, 어떤 이에게는 도전적인 프로젝트나 새로운 역할이 자극이 됩니다. 누군가는 멘토의 조언 속에서 자신감을 얻고, 또 다른 누군가는 실패를 통해 배우며 더 큰 성장을 이룹니다. 중요한 것은 각자의 단계와 필요에 맞게 성장의 길을 설계해 주는 것입니다.

비단잉어가 적절한 연못에서 제 빛깔을 완성하듯, 사람도 자신이 존중받고, 지지받으며, 도전할 수 있다고 느낄 때 비로소 성장합니다. 그 환경을 설계해 주는 일이 바로 리더의 역할입니다. 영감을 주는 리더는 많지만, 사람의 성장을 위해 투자하는 리더는 드뭅니다. 진정한 리더십은 사람을 변화시키는 힘이며, 그들이 잠재력을 최대한 펼칠 수 있도록 돕는 과정 속에서 완성됩니다.

여러분은 지금, 여러분이 이끄는 사람들의 성장을 위해 어떤 환경을 만들어 주고 있습니까?

“ *오를 때 사람들에게 잘하라,*
내려갈 때 그들을 다시 만날 테니. ”

— 윌슨 미즈너(Wilson Mizner)

25.
삶의 완전한 순환

세상이 복잡하게 변할수록 이 말의 울림은 더욱 커집니다. 미국의 극작가이자 기업가인 윌슨 미즈너의 이 문장은, 사회적 지위나 위치와 상관없이 누구에게나 친절과 존중을 잃지 말라는 단순하지만 변치 않는 교훈을 전합니다. 인생은 예측할 수 없습니다. 오늘의 성공이 영원하지 않듯, 언젠가는 우리가 지나쳤던 사람들의 도움이 다시 필요해질 수도 있습니다.

친절과 리더십은 함께 간다

이 조언은 특히 경력을 시작하거나 조직을 이끄는 사람들에게 자주 인용됩니다. 치열한 경쟁의 세계에서 많은 이들이 실적과 이익에만 집중하지만, 마야 안젤루(Maya

Angelou)의 말처럼 "사람들은 여러분이 한 말을 잊고, 여러분이 한 일을 잊지만, 여러분이 그들에게 어떤 감정을 느끼게 했는지는 결코 잊지 않는다." 친절과 리더십은 결코 반대되는 개념이 아닙니다. 오히려 함께 있을 때 진정한 영향력을 발휘합니다.

사업에서 성공하려면 냉철함이 필요하다는 말을 자주 듣지만, 현실주의가 인간다움을 대체할 수는 없습니다. 사람을 존엄과 공정함으로 대하는 것은 야망을 약화시키는 일이 아니라, 신뢰와 협력의 토대를 세우는 일입니다. 리더가 전문성과 친절이 공존하는 문화를 만들면, 구성원은 자발적으로 헌신하고 팀워크는 더욱 단단해집니다. 이런 조직은 단기적 성과를 넘어, 관계와 신뢰라는 장기적 자산을 축적합니다.

성공은 일시적이고 인격은 영원하다

인생의 길에는 오르막과 내리막이 있습니다. 성공이 보장된 사람은 없고, 실패를 피할 수 있는 사람도 없습니다. 결국 우리가 성공의 정점에 있을 때나 실패의 바닥에 있을 때 사람을 대하는 태도가 그 사람의 인격을 드러냅니다. 잘나갈 때 겸손하고, 어려울 때도 품위를 지키는 사람에게는 자연스레 신뢰가 모입니다. 그 신뢰는 위기 속에서도 다시 일어설 힘이 되어 줍니다.

결국 이 이야기는 하나의 메시지로 귀결됩니다. 친절과 존중을 인생의 기본 원칙으로 삼으라는 것입니다. 세상은 생각보다 좁고, 인간관계는 언제든 되돌아옵니다. 오늘 우리가 사람을 대하는 방식이 내일 우리가 마주할 기회와 관계를 결정짓습니다.

여러분의 인생이나 경력에서, 다시 떠올릴 때마다 감사한 마음이 드는 사람은 누구입니까? 여러분은 지금, 누군가에게 그런 사람이 되어 주고 있습니까?

“ *용기란 두려움이 없는 것이 아니라,*
두려움 속에서도
행동할 수 있는 능력이다. ”

— 존 매케인(John McCain)

26.
폭풍 속에서 이끄는 리더십

어니스트 섀클턴(Sir Ernest Shackleton) 경은 20세기 초 남극 탐험으로 이름을 남긴 영국 아일랜드 출신의 탐험가입니다. 특히 1914년부터 1917년까지 이어진 '제국 남극 횡단 탐험(Imperial Trans-Antarctic Expedition)'에서 그는 리더십의 진정한 본질을 보여 주었습니다. 그의 배 엔듀어런스(Endurance)호는 항해 도중 빙하에 갇혀 결국 파괴되었지만, 섀클턴은 극한의 절망 속에서도 27명의 대원 전원을 무사히 생환시켰습니다.

탐험의 목표는 남극 대륙을 최초로 횡단하는 것이었습니다. 그러나 1915년 1월, 엔듀어런스호는 목표 지점에서 불과 100마일 떨어진 지점에서 두꺼운 일음에 갇혔습니다. 몇 달간 표류하던 배는 빙하 압력에 결국 부서졌고, 섀클턴은 승무원들과 함께 배를 포기해야 했습니다. 광활한

얼음 위에 고립된 그들은 한정된 식량과 세 척의 구명정에 의지해 생존을 이어 갔습니다.

1916년 4월, 빙판이 갈라지자 섀클턴은 구명정을 타고 거센 남극해를 건넜습니다. 그들은 코끼리섬에 도착했지만, 그곳은 바람과 눈보라가 휘몰아치는 황량한 땅이었습니다. 더 머무를 수 없다고 판단한 그는 다섯 명의 대원과 함께 작은 보트를 타고 800마일에 달하는 험난한 남대서양을 건넜습니다. 파도와 눈보라를 견디며 사우스조지아섬(South Georgia Island)에 도착한 그들은, 다시 산악지형을 넘고 구조선을 확보했습니다. 수차례의 실패 끝에 1916년 8월 30일, 섀클턴은 마침내 코끼리섬으로 돌아가 남은 22명 전원을 구해냈습니다. 단 한 명의 희생도 없었습니다.

그는 훗날 이렇게 회상했습니다.

"돌이켜 보면 우리는 참으로 풍요로웠다. 우리는 세상의 겉모습을 뚫고 그 속을 보았다. 고통과 굶주림 속에서도 승리했다. 고통의 밑바닥을 경험했지만, 그 속에서 오히려 영광의 본질을 깨달았다. 세상의 거대한 위대함 앞에서, 우리 역시 그만큼 더 큰 존재가 되었다. 신의 장엄한 모습을 보았고, 자연이 들려주는 진리를 들었다. 그리고 마침내 인간의 가장 순수한 영혼에 닿았다."

새클턴은 원래 목표했던 일을 이루지 못했지만, 그의 탐험은 극한 상황에서의 회복력, 적응력, 그리고 리더십을 보여 주는 상징적 이야기로 남았습니다. 불확실한 상황 속에서도 팀을 하나로 모으고, 결단을 내리고, 사람들을 최우선에 두었던 그의 능력은 실패로 보였던 상황을 비범한 생존의 이야기로 바꾸어 놓았습니다.

새클턴은 "낙관주의야말로 진정한 도덕적 용기"라고 믿었습니다. 그는 이 신념대로 살며, 압도적인 역경 속에서도 희망과 결단력으로 대원을 이끌었습니다. 오늘날의 리더들—비즈니스, 정치, 혹은 위기 상황에 놓인 어떤 리더든—역시 그러한 마음가짐이 필요합니다. 그것이야말로 어려움을 헤쳐 나가고, 사람들에게 영감을 주는 힘이 되기 때문입니다. 새클턴의 이야기는 단순한 생존담이 아닙니다. 위기 속에서의 리더십을 보여 주는 하나의 청사진입니다. 그가 보여 준 모범은 이렇게 묻습니다.

새클턴의 끈기와 결단력, 그리고 팀을 향한 헌신은 여러분의 리더십에 어떤 영감을 줍니까?

"*혼자서는 할 수 있는 일이 너무 적지만,*
함께라면 할 수 있는 일이 많다."

— 헬렌 켈러(Helen Keller)

27.
다수의 힘

자이언트 세쿼이아(Giant Sequoia), 또는 자이언트 레드우드(Giant Redwood)는 지구에서 가장 크고 오래된 나무입니다. 높이는 90미터를 넘고, 무게는 2,000톤이 훌쩍 넘습니다. 그러나 이 거대한 나무의 뿌리는 놀라울 정도로 얕습니다. 깊이가 2~4미터에 불과합니다. 그런데도 어떻게 수천 년 동안 폭풍과 지진, 화재를 견디며 땅 위에 우뚝 설 수 있을까요?

비밀은 '깊이'가 아니라 '연결'에 있습니다. 세쿼이아의 뿌리는 서로 옆으로 뻗어 나가 이웃 나무의 뿌리와 엮이며 거대한 지하 네트워크를 형성합니다. 이 보이지 않는 연결망이 거대한 나무를 지탱합니다. 뿌리 하나가 쓰러져도 전체가 무너지지 않는 이유는, 각 나무의 뿌리가 서로를 단단히 붙잡고 있기 때문입니다.

자이언트 세쿼이아에게서 배우는 교훈

이 나무들처럼 우리도 혼자일 때보다 함께일 때 훨씬 강합니다. 세쿼이아의 생존 방식은 리더십과 인간관계의 본질을 일깨워 줍니다.

1. 서로를 지탱하는 연결

   세쿼이아의 뿌리가 서로 얽혀 안정성을 확보하듯, 강한 팀과 조직, 공동체는 신뢰와 유대감 위에서 성장합니다. 어려움이 닥칠 때 우리를 붙잡아 주는 것도 결국 사람과의 관계입니다. 혼자 성공하는 사람은 없습니다.

2. 변화에 적응하는 힘

   세쿼이아는 얕은 뿌리로도 다양한 토양에서 살아갑니다. 환경이 달라지면 흙의 성질에 맞게 스스로 흡수 방식을 조정합니다. 회복력 있는 사람과 팀도 마찬가지입니다. 새로운 상황에 배우고 적응할 때, 불확실성 속에서도 버티는 힘이 생깁니다.

3. 흔들리지 않는 기반

   세쿼이아의 거대한 줄기는 무게 중심을 낮춰 강한 균형을 이룹니다. 사람의 삶도 마찬가지입니다. 가치와 신념, 신뢰로 다져진 내면의 기반은 어떤 시련 앞에서도 우리를 단단하게 세웁니다.

함께 뿌리내릴 때 지속되는 힘

자이언트 세쿼이아의 교훈은 명확합니다. 우리의 힘은 '혼자 서는 데서'가 아니라 '함께 성장하는 데서' 나옵니다. 관계는 단순한 연결이 아니라 생존의 토대이며, 신뢰는 모든 성취의 근원이 됩니다. 서로를 지지하고, 배움을 나누며, 강한 기반을 함께 세울 때 우리는 단순히 버티는 존재가 아니라, 세대를 넘어 이어지는 존재가 됩니다. 세쿼이아가 수천 년의 세월을 견딜 수 있었던 이유는 서로의 뿌리가 맞닿아 있었기 때문입니다. 우리도 그처럼, 함께 서야 합니다.

여러분의 삶과 일터에서 여러분을 지탱해 주는 '뿌리'는 누구입니까?
그 연결을 오늘, 어떻게 더 깊게 만들 수 있습니까?

“ *어머니가 자녀의 삶에*
미치는 영향은 계산할 수 없다. ”

— 제임스 E. 포스트(James E. Faust)

28.
여성의 깊은 영향력

제 어머니는 1943년 서울에서 태어나셨습니다. 일곱 살이 되던 해 한국전쟁이 발발했는데, 전쟁 속에서도 외할아버지는 사업을 이어 가며 비교적 유복하게 살았습니다. 어머니는 총명하고 강인한 분이었고, 고등학교 시절, 반에서 부반장을 맡을 정도로 뛰어난 학생이었습니다. (그 시절 반장은 남학생의 자리였다고 합니다.)

하지만 어머니가 고등학교를 마치기도 전에 큰 화재가 일어나 외할아버지의 사업체가 전소되었습니다. 보험이 없던 탓에 가족은 전 재산을 잃었고, 전쟁 직후의 혼란스러운 시기라 상황은 더욱 어려웠습니다. 남성 중심의 사회 분위기 속에서, 어머니는 가족의 생계를 위해 대학 진학을 포기해야 했습니다. 대신 어린 남동생들이 학업을 이어 갈 수 있도록 뒤에서 묵묵히 지원하셨습니다.

저는 외할아버지를 좋아했습니다. 총명하고 학식이 깊은 분으로, 시력을 잃기 전까지 매일 책을 읽으셨습니다. 거의 백 세를 앞두고 세상을 떠나셨죠. 그래서 더 궁금했습니다. 왜 그렇게 똑똑한 딸을 대학에 보내지 않으셨을까? 하지만 결국 그 질문은 끝내 하지 못했습니다.

어린 시절, 이 이야기를 처음 들었을 때 마음이 무너졌습니다. 그렇게 재능 많고 강인한 어머니가 사회의 제약과 가족의 기대 때문에 자신의 꿈을 펼치지 못했다는 사실이 안타까웠습니다. 하지만 어머니는 그 어떤 좌절에도 굴하지 않았습니다. 인생의 수많은 어려움을 극복하며 자녀들을 정성껏 키우셨습니다. 그분 안에 자리한 교육에 대한 열망은 자연스럽게 저에게도 스며들었고, 그 영향은 오늘의 저를 만드는 데 큰 역할을 했습니다. 어머니의 성품과 신념, 책임감은 제 삶의 기둥이 되었습니다.

저에게 어머니는 인생에서 가장 큰 스승이자 영향력의 근원입니다. 그리고 이 이야기는 제 어머니만의 이야기가 아닙니다. 많은 경우, 한 사람의 성공 뒤에는 그를 먼저 믿어 주고 지켜봐 준 어머니가 있습니다. 어머니는 단순한 보호자가 아니라 삶의 방향을 제시하는 나침반입니다. 자녀를 위해 여러 역할을 감당하며 헌신하고, 때로는 자신의 꿈을 뒤로 미루면서도 가족을 지켜 냅니다. 모든 어머니가 동일한 여정을 걷는 것은 아니지만, 그 헌신의 마음은 놀라울 만큼 닮아 있습니다.

제 아내 역시 그중 한 사람입니다. 오랜 기다림 끝에 우리는 딸을 얻었습니다. 아내는 오랜 시간 피아니스트로 활동했지만, 아이를 온전히 돌보기 위해 커리어를 내려놓았습니다. 그 결정에는 여러 번의 이직과 지역 이동을 해야 했던 제 몫의 책임도 있습니다. 그녀는 밤낮을 가리지 않고 아이를 돌보며 자신만의 시간을 거의 포기했지만, 그 헌신 덕분에 딸은 건강하게 성장했고 지금은 바이올린을 아름답게 연주합니다.

세상의 수많은 어머니들이 그러하듯, 그들의 희생과 헌신은 눈에 띄지 않지만 세대를 이어 갑니다. 그들이 남긴 교훈과 사랑, 그리고 조용한 강인함은 자녀의 인생에 깊은 흔적을 남깁니다. 저는 어머니와 아내를 통해 그 진실을 똑똑히 보았습니다. 두 분 모두 가족을 지탱하고 미래를 만들어 낸 놀라운 여성들입니다.

성공은 결코 혼자 이룰 수 없습니다. 그 뒤에는 언제나 믿음과 인내, 그리고 끝없는 사랑으로 우리를 이끌어 준 한 여성이 있습니다. 저는 그 사실을 잊지 않으려 합니다.

여러분의 인생에서 가장 큰 영향을 준 여성은 누구입니까?
그녀는 어떤 방식으로 여러분의 삶을 바꾸어 놓았습니까?

“고난은 평범한 사람들을
특별한 운명으로 준비시킨다.”

— C. S. 루이스(C. S. Lewis)

29.
배의 힘

《보이즈 인 더 보트(The Boys in the Boat, 2023)》는 조지 클루니(George Clooney) 감독의 스포츠 드라마로, 다니엘 제임스 브라운(Daniel James Brown)의 동명 베스트셀러가 원작입니다. 워싱턴 대학교 조정팀이 1936년 베를린 올림픽에서 금메달을 차지하기까지의 실화를 바탕으로 한 이 영화는, 팀워크와 신뢰, 그리고 리더십의 본질을 다시 생각하게 만드는 작품입니다. 저는 한국으로 향하는 긴 비행기 안에서 이 영화를 보았습니다. 서사 전개는 다소 예측 가능했지만, 영화가 전하는 메시지는 진부하지 않았습니다. 진정한 힘은 개인의 능력이 아닌 '함께하는 의지'에서 비롯된다는 사실을 다시금 느꼈습니다.

언더독의 이야기

이 영화는 대공황 시기를 배경으로, 경제적 불평등과 사회적 벽을 넘어서는 청년들의 이야기를 그립니다. 주인공 조 랜츠(Joe Rantz, 칼럼 터너(Callum Turner) 분)는 가난한 노동자 계층 출신으로, 낡은 옷과 초라한 신분 때문에 부유한 또래들로부터 늘 조롱을 받습니다. 하지만 조는 같은 처지의 동료들과 함께하며, 진정한 우정과 연대의 의미를 배워 갑니다.

조정은 당시 '상류층의 스포츠'로 여겨졌습니다. 그러나 조와 그의 팀은 근성과 끈기, 그리고 서로에 대한 믿음으로 이 편견을 깨뜨립니다. 그들의 노력은 단순한 스포츠의 승리를 넘어, 의지와 협력이 사회적 장벽을 넘어설 수 있다는 것을 증명합니다.

한때 조는 팀을 떠나려 합니다. 그때 코치 앨 울브릭슨(Al Ulbrickson, 조엘 에저튼(Joel Edgerton) 분)은 조용히 이렇게 말합니다.

"조, 나도 알아. 네가 배 위의 모두를 너 자신만큼 신뢰하는 게 얼마나 어려운 일인지. 하지만 중요한 건 너 혼자가 아니라는 거야. 이건 너의 문제도, 내 문제도 아니야. 이건 '보트(팀)'의 문제야."

조는 잠시 침묵하다가 말합니다.

"네, 코치님. 그게 제가 있고 싶은 자리입니다."

이 짧은 대화는 팀워크의 본질을 가장 잘 보여 줍니다. 진정한 신뢰는 선택이 아니라 필수입니다. 개인의 재능이 아무리 뛰어나도, 팀이 하나로 움직이지 않으면 결코 승리할 수 없습니다.

리더십과 회복탄력성의 교훈

조의 강인함은 단순히 체력에서 온 것이 아니었습니다. 가난한 현실 속에서도 포기하지 않았던 경험, 그것이 그를 단련시켰습니다. 그러나 그를 진정한 챔피언으로 만든 것은 '혼자가 아닌 함께'의 힘이었습니다. 그는 팀을 믿었고, 팀도 그를 믿었습니다.

《보이즈 인 더 보트》가 전하는 메시지는 명확합니다.

- 재능만으로는 부족하다. 팀워크가 전부다.
- 공동의 고난은 강한 유대를 만든다.
- 진정한 리더십은 자신이 아니라 팀 전체를 빛나게 하는 것이다.

이 영화는 결국 한 가지 진리를 일깨웁니다. 신뢰와 단합은 사람을, 그리고 결과를 바꾼다는 것입니다. 서로를 믿고, 자신보다 더 큰 목표를 위해 노를 젓는 순간, 그 배는 단순한 배가 아니라 '하나의 존재'가 됩니다.

여러분은 지금, 팀에서 여러분의 왼쪽과 오른쪽에 있는 사람들을 진심으로 신뢰하고 있습니까? 그리고 그들이 여러분을 믿을 수 있다고 확신합니까?

“ *잘못된 사다리를 오르다가*
인생의 진짜 의미를 놓칠 수 있다. ”

— 꽃들에게 희망을(Hope for the Flowers)

30.
올바른 사다리를 오르기

트리나 파울러스(Trina Paulus)가 1972년에 쓴 우화 《꽃들에게 희망을(Hope for the Flowers)》은 단순하지만 깊은 통찰을 담은 책입니다. 저는 14살 무렵 한국어 번역본을 읽고 강렬한 인상을 받았는데, 성인이 되어 영어 원서를 다시 읽었을 때는 그 의미가 전혀 다르게 다가왔습니다. 직장 생활을 경험한 이후에는, 이 이야기가 단순한 성장담이 아니라 '삶의 방향을 묻는 철학서'처럼 느껴졌습니다.

겉보기에는 어린이 책이지만, 이 책이 던지는 질문은 매우 어른스럽습니다. 야망, 목적, 충만함—우리가 인생에서 끊임없이 추구하는 세 가지 주제에 대해 이야기합니다.

두 애벌레의 여정

이 책은 두 애벌레, 스트라이프(Stripe)와 옐로우(Yellow)의 서로 다른 여정을 통해 인생의 본질을 비유합니다.

- 스트라이프는 단순히 잎을 먹는 것 이상의 삶이 반드시 있을 것이라고 믿으며 불안해합니다. 그는 '꼭대기'에 도달하려고 필사적으로 기어오르는 애벌레 기둥을 우연히 발견하고, 의미를 찾기 위해 그 무리에 합류합니다.
- 옐로우 역시 호기심에 기둥에 오르지만, 다른 애벌레를 밟고 올라가는 과정에서 불편함을 느끼고 스트라이프와 함께 내려옵니다.
- 잠시 함께 지내던 둘은 다른 길을 택합니다. 스트라이프는 다시 기둥으로 돌아가 정상에 오르지만, 그곳엔 자신과 같은 애벌레들뿐, 아무 의미도 없다는 사실을 깨닫습니다.
- 반면 옐로우는 본능에 따라 고치를 짓고, 결국 나비로 변해 하늘로 날아오릅니다. 경쟁이 아닌 '변화'를 선택한 결과였습니다.
- 실망한 스트라이프가 돌아왔을 때, 옐로우는 텅 빈 고치를 보여 주며 변화를 권합니다. 스트라이프도 고

치를 짓고 나비로 다시 태어나, 마침내 둘은 함께 하늘을 납니다.

오르기의 진짜 의미

이 이야기는 오늘날의 성과 중심 사회에 던지는 묵직한 질문입니다. 우리는 종종 스트라이프처럼 "성공"이라는 추상적 목표를 향해 달려갑니다. 사회가 정해 놓은 '사다리'를 오르는 것이 당연한 일처럼 여겨지죠. 하지만 그 꼭대기에 도달했을 때, 우리가 만나는 것은 종종 공허함입니다. 경쟁과 희생 속에서 손에 쥔 것은 성취가 아니라 고립일 수도 있습니다.

반면 옐로우는 전혀 다른 길을 택합니다. 그녀는 내면의 목소리를 믿고 변화를 받아들이며, 비교가 아닌 자기 성장의 길을 선택합니다. '꼭대기' 대신 '변화'를 택한 그녀는 결국 진정한 자유를 얻습니다. 이 대조는 성공의 본질을 다시 묻습니다.

성공이란 남보다 앞서는 것이 아니라 자신에게 맞는 방향으로 나아가는 것, 그리고 그 과정 속에서 스스로 변할 수 있는 용기를 갖는 것입니다. 옐로우는 바로 그 용기를 보여 줍니다.

나비가 된다는 것

누구나 인생의 어느 시점에서는 애벌레입니다. 아직 완성되지 않은 채, 더 높이 오르려는 본능에 이끌려 경쟁 속을 살아갑니다. 그러나 진정한 성장의 순간은 '올라감'이 아니라 '변화함'에서 옵니다. 고치를 짓고 잠시 멈춰야만, 새로운 날개를 얻을 수 있습니다.

《희망의 나비들》은 우리에게 이렇게 묻습니다.

지금 여러분이 오르고 있는 사다리는 어디로 향하고 있습니까? 그 꼭대기에 정말 여러분이 찾는 것이 있을까요? 아니면, 잠시 멈추어 고치를 짓고, 여러분만의 하늘로 날아오를 때가 된 것은 아닐까요?

“ *모든 것에는 금이 가 있다.*
그 틈으로 빛이 들어온다. ”

— 레너드 코언(Leonard Cohen)

31.
깨짐 속의 아름다움

한때 깨졌던 찻잔을 손에 들고 있다고 상상해 보십시오. 금빛으로 반짝이는 결이 깨진 자리를 따라 잔잔히 이어져 있습니다. 버려지는 대신, 그 흔적을 감추기 위해서가 아니라 오히려 그 역사를 드러내기 위해 정성스럽게 복원된 것입니다. 이것이 바로 '킨츠기(金継ぎ)'라 불리는 일본의 금(金) 이어 붙이기 기법으로, 깨진 그릇을 이전보다 더 아름다운 모습으로 되살리는 예술입니다.

킨츠기의 역사는 15세기로 거슬러 올라갑니다. 당시 쇼군 아시카가 요시마사는 자신이 가장 아끼던 다완(찻잔)을 중국으로 보내 수리를 맡겼습니다. 그러나 돌아온 찻잔은 거칠게 철사로 이어진 흉한 모습이었습니다. 그는 더 품격 있는 방법을 찾기 위해 일본 장인들에게 의뢰했고, 장인들은 금가루·은가루·백금가루를 옻칠과 섞어 접착하는 새로운 방식을 개발했습니다. 그 결과, 금빛 이음선이 남은 도자기는 단순한 복원이 아니라 '새로운 작품'이 되었습니다. 흠이 사라지지 않았기에, 오히려 그 흠이 예술이 되었습니다.

킨츠기의 철학

킨츠기는 일본의 와비-사비(侘寂) 정신을 가장 잘 보여줍니다.

- 와비(侘)는 단순함 속에서 마음의 평온을 찾는 태도, 그리고 작고 소박한 것들에 대한 감사의 미학을 뜻합니다.
- 사비(寂)는 세월의 흐름과 시간의 흔적 속에서 완숙함과 깊이를 인정하는 태도를 의미합니다.

와비-사비는 완벽을 추구하지 않습니다. 오히려 불완전함을 통해 성장과 깊이를 발견합니다. 킨츠기의 금빛 이음매는 단순히 깨진 것을 복원하는 행위가 아닙니다. 그것은 과거의 상처를 숨기지 않고, 오히려 그것을 새로운 빛으로 드러내는 회복의 선언입니다. 금으로 이어진 틈은 약함의 흔적이 아니라 회복력의 증거이며, 그 안에는 '상처의 품격'이 깃들어 있습니다.

삶의 교훈

삶에도 균열이 있습니다. 상실, 실패, 관계의 단절, 그리고 스스로의 한계를 마주한 순간들이 그렇습니다. 세상은 종종 그 흔적을 감추라고 말하지만, 킨츠기는 정반대의 진리를 전합니다. 상처는 감춰야 할 결함이 아니라, 살아온 흔적이며 우리를 빛나게 하는 선입니다.

우리가 겪던 고통과 배운 교훈, 그리고 이겨 낸 시간들은 우리를 더 단단하게, 더 깊게 만듭니다. 치유란 과거를 지우는 것이 아니라, 그 흔적을 품고 더 나은 형태로 나아가는 과정입니다.

그러니 결점 때문에 낙심하지 마십시오. 그 균열은 부서짐의 흔적이 아니라, 새로운 빛이 들어올 틈입니다. 금으로 수리된 찻잔이 이전보다 더 귀해지듯, 우리도 고난을 통해 더 깊고 단단해집니다.

여러분의 삶에서 어떤 '균열'이 힘과 아름다움의 원천이 될 수 있습니까?

“ *리더십에는 대가가 따른다.*
다른 누구보다 더 열심히 일하고,
더 많은 비판을 견뎌 내야 하며, 대의를 위해
개인적인 안락함을 포기해야 한다. ”

— 크레이그 그로쉘(Graig Groeschel)

32.
리더십의 대가

조지아 대학교 미식축구팀을 연속 전국 챔피언으로 이끈 커비 스마트(Kirby Smart) 감독은 한 강연에서 위대한 리더가 반드시 치러야 하는 '보이지 않는 대가'에 대해 이야기했습니다. 그는 세 가지 진실을 이렇게 요약했습니다.

1. 당신이 소중히 여기는 사람들에게 부정적인 영향을 줄 수도 있는 어려운 결정을 내려야 한다.
2. 다수를 위한 최선의 선택을 해도 미움을 받을 수 있다.
3. 오해를 받더라도 스스로를 변호할 기회가 항상 주어지지 않는다.

리더십의 무게

이 세 가지는 단순한 원칙이 아니라 리더로 살아가며 반드시 마주하게 되는 현실입니다. 리더십은 비전과 영감만으로 완성되지 않습니다. 그것은 결정의 책임, 비판의 무게, 그리고 때로는 고독의 시간을 함께 짊어지는 일입니다. 정답이 없는 상황에서 최선의 선택을 내려야 하고, 그 결과를 누구보다 먼저 감당해야 합니다.

코치 스마트는 이런 순간일수록 동정심과 공감을 잃지 말아야 한다고 강조합니다. 리더십은 사람을 이끄는 일이기에, 냉철한 판단력과 함께 인간적인 따뜻함이 필요합니다. 하지만 바로 그 균형을 유지하는 일이 가장 어렵습니다. 그래서 많은 유능한 사람들이 리더의 자리를 망설이고, 어떤 이들은 좋은 시기에는 리더로 빛나지만 위기가 닥치면 흔들리기도 합니다.

리더십은 인기 경영이 아니다

리더로서 반드시 배워야 할 교훈은 리더십은 모든 사람을 만족시키는 일이 아니라는 것입니다. 리더의 임무는 모든 이의 호감을 얻는 것이 아니라, 옳은 결정을 내리고 그 결과를 책임지는 일입니다. 때로는 누군가의 미움을 받더라도 장기적 안목으로 옳은 선택을 해야 할 책임이 리더에게 있습니다. 호감을 얻기 위해 기준이나 원칙을 타협하기 시작하면, 리더십이 약해질 뿐입니다.

모든 리더는 언젠가 비판을 받게 됩니다. 특히 어려운 결정이 즉각적인 성과로 이어지지 않을 때 그렇습니다. 많은 이들이 상황의 맥락을 충분히 모른 채 리더가 내린 결정을 평가합니다. "그때 그렇게 하지 않았다면 어땠을까?"라는 말은 언제나 쉽지만, 진짜 해결책을 제시하는 일은 훨씬 어렵습니다. 그래서 리더에게는 진실을 말해주는 신뢰할 수 있는 조언자가 필요합니다. 비판보다 성찰을, 동조보다 진실을 건네는 사람 말입니다.

불확실함 속에서 이끄는 일

리더십은 명확한 소통이 항상 가능한 것은 아닌 변화의 시기를 헤쳐 나가는 것을 뜻하기도 합니다. 투명함이 중요하지만, 때로는 모든 세부 사항을 공유할 수 없는 상황도 있습니다. 그럴 때 일부 사람들은 불확실함을 느끼거나, 심지어 서운함을 품을 수도 있습니다. 이것 또한 리더십이 치러야 하는 대가 중 하나입니다. 모든 것을 설명할 수 없을 때는 오해를 감수해야 합니다. 저 역시 커리어 속에서 이런 현실을 직접 경험했습니다. 리더의 자리는 때로 매우 외롭습니다. 그러나 그런 어려운 순간에도 늘 곁을 지켜 주는 사람들이 있습니다.

결정이 힘들고 길이 외로울 때에도, 여러분은 리더십의 대가를 받아들일 준비가 되어 있습니까?

“ *스포츠는 세상을 바꿀 힘이 있다.*
영감을 주고, 거의 아무것도 할 수 없는 방식으로
사람들을 하나로 묶을 수 있다. ”

— 넬슨 만델라(Nelson Mandela)

33.
단결의 힘

대학 스포츠에서 유명한 구호 중 하나는 "우리는… 펜스테이트(WE ARE… PEN STATE)."입니다. 저는 펜실베이니아 주립대 졸업생으로서 약간의 편견이 있을지도 모르지만, 이 구호는 단순한 응원 구호가 아닙니다. 그것은 자부심이자 전통이며, 펜실베니아 주립대 동문들을 하나로 이어 주는 강한 유대감의 상징입니다. 어디서든 펜스테이트 로고가 새겨진 모자나 스웨트셔츠를 입고 있으면 누군가가 외칩니다.

"우리는(WE ARE…)"

그러면 저는 자연스럽게 대답합니다.

"펜스테이트!(PENN STATE!)"

이 짧은 교환이 만들어 내는 공감과 소속감은 놀라울 만큼 강력합니다. 낯선 장소에서도 그 순간만큼은 같은 뿌리로 연결된 공동체의 일원이 되는 기분이 듭니다.

계속되는 전통

이 전통과 관련해 특히 웃지 못할 기억이 하나 있습니다. 결혼하고 얼마 지나지 않아, 아내와 함께 캘리포니아 나파에 있는 한 와이너리를 둘러보고 있었습니다. 잠시 자리를 비운 사이, 펜실베이니아 주립대 티셔츠를 입은 아내가 혼자 남아 있었는데, 그때 한 무리의 사람들이 그녀를 보고 갑자기 외쳤습니다. "우리는(WE ARE…)"

아내는 펜실베이니아 주립대 출신이 아니어서 이 전통을 몰랐습니다. 그래서 어떻게 반응해야 할지 전혀 알지 못한 채, 사람들이 대답을 기다리는 동안 그 자리에서 멍하니 서 있었죠. 말할 것도 없이 그 순간의 분위기는 완전히 어색해졌습니다. 제가 돌아왔을 때 아내가 무슨 일이 있었는지 이야기해 주었고, 저는 한참을 웃었습니다. 그러고 나서 그녀에게 어떻게 대답해야 하는지 간단히 가르쳐 주었죠. 이제는 아내도 완전히 익숙해져서, 혼자서도 자신 있게 대답할 수 있습니다!

전통의 기원

펜스테이트의 역사학자 루 프라토(Lou Prato)에 따르면, 이 구호는 1976년 비버 스타디움(Beaver Stadium)[3]의 치어리더들에 의해 처음 시작되었습니다. 원정 경기에서 상대 팬들의 열정적인 응원을 보고, 그에 맞설 수 있는 교류형 응원 구호를 만든 것이죠. 이 구호는 1981년을 기점으로 펜실베니아 주립대 문화의 상징으로 자리 잡았습니다. 그러나 이 구호의 정신(spirit)은 그보다 훨씬 이전으로 거슬러 올라갑니다.

1946년, 펜스테이트 축구팀은 당시 인종 분리 정책을 시행하던 마이애미 대학교와의 경기를 앞두고 있었습니다. 주최 측은 흑인 선수인 월리 트리플렛(Wally Triplett)과 데니 호가드(Dennie Hoggard)를 제외하고 팀을 구성하라고 요구했습니다. 하지만 펜스테이트 팀은 단호했습니다. "그렇다면 우리는 경기에 나가지 않겠다." 그들은 단결을 택했습니다. 그리고 이 결단은 단순한 경기 불참 이상의 의미를 남겼습니다.

---

3 비버 스타디움(Beaver Stadium): 미국 펜실베이니아주에 위치한 펜스테이트 대학교의 미식축구 경기장으로, 펜스테이트 니타니 라이온스(Nittany Lions)의 홈 경기장이다. (역자 주)

이듬해, 펜스테이트는 무패 시즌을 기록하며 코튼볼(Cotton Bowl)[4] 초청을 받았습니다. 그러나 이번에도 주최 측은 두 흑인 선수를 제외할 것을 요구했습니다. 그때 팀 주장 스티브 수헤이(Steve Suhey)가 이렇게 말했습니다.

"우리는 펜스테이트다. 전원이 뛰든지, 아무도 뛰지 않는다."

팀 전원은 1948년 1월 1일 코튼볼 경기를 위해 댈러스로 향했습니다. 그곳에서 트리플렛과 호가드는 코튼볼 역사상 처음으로 출전한 흑인 선수가 되었습니다. 트리플렛은 경기 중 동점 터치다운을 성공시켜 SMU(Southern Methodist University)와의 경기를 13대 13 무승부로 이끌었고, 이후 NFL(National Football League)에서 드래프트를 통해 선발되어 뛴 첫 흑인 선수로 역사에 이름을 남겼습니다.

---

4 코튼볼(Cotton Bowl)은 미국 대학 미식축구 시즌 종료 후 열리는 포스트시즌 경기로, 정식 명칭은 'Cotton Bowl Classic'이다. 1937년에 창설된 이 대회는 미국에서 가장 오래된 보울 게임 가운데 하나로, 대학 미식축구의 전통과 명예를 상징해 왔다. 원래는 텍사스주 댈러스의 코튼 보울 스타디움에서 열렸으며, 남부·남서부 지역 대학 미식축구의 중심 무대 역할을 했다. 특히 1948년에는 인종차별이 심하던 시기에 흑인 선수가 포함된 팀의 출전을 허용해, 미국 대학 스포츠 역사에서 통합과 평등의 전환점으로 평가받는다. 현재는 College Football Playoff(CFP) 체계에 포함된 'New Year's Six' 보울 가운데 하나로, 텍사스주 알링턴의 AT&T 스타디움에서 개최된다. (역자 주)

지속되는 유산, 변치 않는 정신

75년이 넘은 지금도 이 이야기는 연대와 포용, 그리고 옳은 일을 위해 함께 서는 것의 의미를 강하게 일깨워 줍니다. 사회는 그때보다 큰 발전을 이루었지만, 여전히 해야 할 일은 남아 있습니다.

이 이야기는 펜실베이니아 주립대의 역사에만 머물지 않습니다. 그것은 자신의 가치에 굳게 서는 것, 분열보다 하나됨을 선택하는 것, 모두가 함께할 수 있는 문화를 만들어 가는 것의 의미를 보여 줍니다. 이 이야기가 펜실베이니아 주립대 공동체를 넘어 더 많은 사람들에게 울림을 주고, 지금 이 시대에야말로 서로 연결되고 함께 서야 함을 일깨워 주길 바랍니다.

여러분의 오늘을 만들어 온 전통, 가치, 혹은 하나됨의 순간은 무엇입니까?

“ 만약 정글에 들어가야 한다면,
내 목숨을 맡길 수 있는
사람과 함께 가고 싶다. ”

— 작자 미상

34.
여러분이 신뢰하는 사람들

몇 년 전, 이와 비슷한 문장을 처음 접했는데, 그 이후로 줄곧 마음속에 남아 있습니다. 이 문장은 제가 누군가를 진정으로 신뢰할 수 있는 사람인지—그가 친구이든, 동료이든, 비즈니스 파트너이든—판단할 때 기준이 되는 강력한 잣대가 되었습니다.

이 인용문은 종종 윌리엄 테쿰세 셔먼(William Tecumseh Sherman)[5] 장군의 말로 알려져 있지만, 실제로 그가 그렇게 말했다는 확실한 기록은 없습니다. 제임스 매티스

5 윌리엄 테쿰세 셔먼(William Tecumseh Sherman, 1820–1891): 미국 남북전쟁 당시 북군(Union Army)의 장군으로, 전략적 기동전과 "바다로 가는 행군(March to the Sea)"으로 유명하다. 철도·보급선·산업 시설을 파괴하며 남부의 전쟁 지속 능력을 무너뜨리는 총력전 방식의 전략을 실행했다. 그랜트(Ulysses S. Grant) 장군의 신뢰를 받는 지휘관이었으며, 전쟁 후에는 미 육군 참모총장을 지냈다. 미국 군사사에서 가장 영향력 있는 장군 중 한 명으로 평가된다. (역자 주)

(James Mattis)[6] 장군 등 다른 이들도 비슷한 생각을 표현한 바 있습니다. 그러나 출처가 어디든 의미는 분명합니다. 미지의 세계로 들어설 때, 즉 '정글'로 들어갈 때는 자신이 전적으로 신뢰할 수 있는 사람과 함께 있어야 한다는 것입니다. 어떤 상황에서도 곁을 지켜 주고, 보호해 주며, 생사가 걸린 순간에도 함께 버틸 수 있는 그런 사람 말입니다.

리더십과 삶에서 신뢰의 힘

신뢰는 전쟁터나 생존 상황에서만 중요한 것이 아닙니다. 개인적인 관계든, 직업적인 관계든 모든 견고한 관계의 기초는 신뢰에 있습니다. 위험이 크고 긴장이 높은 순간—비즈니스, 리더십, 혹은 우정의 영역에서든—위기 전후로 한결같이 믿을 수 있는 사람들, 바로 그들이 진정으로 중요한 존재입니다. 이런 사람들을 미리 알아 두는 것은 필수입니다. 정글 한가운데 들어가서야 잘못된 사람과

---

6 제임스 매티스(James Mattis): 미 해병대 출신의 4성 장군으로, 2007~2010년 미 중부사령부(CENTCOM) 사령관을 지냈으며 2017~2019년에는 제26대 미국 국방장관을 역임했다. 전략적 사고와 지적 깊이로 '매드 독(Mad Dog)'이라는 별명과 함께 '전사 승려(Warrior Monk)'로도 불렸으며, 리더십·전쟁·조직에 관한 통찰로 군과 민간 모두에서 널리 인용되는 인물이다. (역자 주)

함께 있다는 사실을 깨닫는 일은 피해야 합니다.

진정한 리더는 신뢰가 단지 유능한 사람들로 자신을 둘러싸는 문제가 아님을 잘 압니다. 어떤 상황에서도 곁을 지켜 주는 사람, 바로 그런 사람을 찾는 것이 핵심입니다. 신뢰란 맹목적인 충성이나 무조건적인 동의가 아닙니다. 진짜 신뢰는 필요할 때 당신에게 도전할 줄 알고, 위험을 보면 주저하지 않고 말하며, 쉬운 길보다 옳은 길을 선택하는 사람들과 함께할 때 비로소 만들어집니다.

취약함: 리더십의 또 다른 힘

정글 속에서 함께할 신뢰할 사람을 선택할 때 또 하나 중요한 요소가 있습니다. 바로 '취약함(vulnerability)'입니다. 누군가에게 자신의 생명을 맡긴다는 것은, 혼자서 모든 것을 할 수 없다는 사실을 인정하는 일입니다. 리더십에서도 마찬가지입니다. 어떤 이들은 강한 리더란 언제나 정답을 알고 있는 사람이라고 생각하지만, 실제로 위대한 리더는 타인에게 의지할 줄 알고, 도움이 필요할 때 이를 인정하며, 상호 신뢰가 자라나는 환경을 만들어 내는 사람입니다.

리더가 자신의 취약함을 드러낸다고 해서 권위가 약해지는 것은 아닙니다. 오히려 그것은 리더의 신뢰를 더욱 강하게 만듭니다. 그런 태도는 존중을 낳고, 관계를 깊게 만들며, 사람들이 솔직하게 의견을 나누고, 주도적으로 행동하며, 필요할 때 기존의 방식에 과감히 도전할 수 있는 문화를 형성합니다.

결국 신뢰, 일관성, 그리고 취약함을 인정하는 용기는 추상적인 이상이 아니라, 진정한 관계와 효과적인 리더십을 떠받치는 토대입니다. 이러한 자질을 갖춘 리더는 도전을 더 현명하게 헤쳐 나갈 뿐 아니라, 주변 사람들에게 영감을 주어 함께 성장하고 더 강한 팀을 만드는 힘을 갖게 됩니다. 개인적 관계든 직업적 관계든, 신뢰하고 신뢰받는 능력, 진정성을 바탕으로 이끄는 태도, 그리고 자신의 취약함을 기꺼이 드러낼 수 있는 용기가 결국 지속적인 성공을 결정짓는 요소입니다.

만약 지금 여러분이 정글로 들어가야 한다면, 누구와 함께 가고 싶습니까?
그 이유는 무엇입니까?

“ *코를 후비는 건 선택할 수 있어도,*
상사는 선택할 수 없다. ”

— 작자 미상

35.
당신이 만나는 리더 vs. 당신이 되는 리더

직장 생활 초기에 가벼운 조언으로 이 말을 처음 들었는데, 그때부터 지금까지 제 마음에 남아 있습니다. 농담처럼 들리지만 그 안에는 깊은 진실이 담겨 있습니다. 우리가 언제나 우리를 이끄는 리더를 선택할 수 있는 것은 아니라는 것입니다.

직원 입장에서 보면, 이런 현실이 답답하게 느껴질 때가 있습니다. 누구나 성향도, 성격도, 역량 수준도 제각각인 리더를 만나 본 경험이 있을 것입니다. 어떤 상사는 영감을 주고 동기를 부여하지만, 또 어떤 상사는 매일을 버텨야 하는 도전으로 만들기도 합니다. 하지만 당신이 상사를 바꿀 수는 없어도, 그 관계를 어떻게 다루느냐는 선택할 수 있습니다.

제가 좋아하는 말이 있습니다.

"나쁜 소식은 사람은 변하지 않는다는 것이고, 좋은 소식도 사람은 변하지 않는다는 것이다."

완전히 맞는 말은 아니지만, 그 안에는 분명한 지혜가 있습니다. 사람은 결국 자기 본성대로 행동합니다. 상사의 강점과 약점, 그리고 일하는 방식을 이해하려고 노력하면, 어떻게 호흡을 맞추고 효과적으로 소통하며 일을 추진할 수 있을지 길이 보입니다. 이런 적응력(adaptability)을 기르는 것은 커리어에서 매우 귀중한 역량입니다. 다양한 리더십 스타일과 상황 속에서도 협력하며 최선의 결과를 이끌어 내는 법을 배울 수 있기 때문입니다.

물론 한계도 있습니다. 조직 문화가 독성이 짙거나, 여러분의 핵심 가치가 훼손되기 시작한다면, 다른 길을 모색해야 합니다. 회사 내에서 새로운 역할을 찾든, 완전히 다른 길을 선택하든 말입니다. 중요한 것은 언제 적응해야 하고, 언제 떠나야 하는지를 아는 것입니다.

여러분이 리더일 때

이제 시각을 바꿔 봅시다. 이 말은 당신이 리더가 되었을 때 어떤 의미를 가질까요?

만약 팀원들이 리더십에 대한 불만을 자주 표현한다면, 그것은 분명한 경고 신호입니다. 여러분의 리더십 방식에 어떤 공백이 있을 수 있다는 뜻이며, 동시에 자신을 돌아보고 성장할 기회이기도 합니다. 훌륭한 리더는 단순히 일을 관리하는 사람이 아닙니다. 사람들에게 영감을 주고, 방향을 제시하며, 그 여정을 함께 지원하는 사람입니다. 리더십의 스타일은 다양하지만, 시대와 상황을 넘어 언제나 변하지 않는 세 가지 핵심 요소가 있습니다.

- 명확한 비전(Vision) - 훌륭한 리더는 성공이 무엇인지 분명히 정의하고, 그 방향으로 팀을 이끕니다.
- 도덕적 일관성(Integrity) - 정직함과 일관성으로 이끌 때 신뢰와 신용이 쌓입니다.
- 공감과 배려(Compassion) - 팀의 어려움과 동기를 이해할 때 진정한 유대감과 충성심이 생깁니다.

신뢰와 구성원의 행복을 바탕으로 한 리더십은 타인의 희생 위에 세워진 리더십보다 훨씬 강력한 힘을 가집니다. 진정으로 효과적인 리더는 결과를 강요하지 않습니다. 대신 사람들이 스스로 성과를 만들어 낼 수 있도록 힘을 심어 줍니다.

리더십의 본질은 단순히 목표를 달성하는 데 있지 않습니다. 여러분이 쌓는 관계, 만들어 가는 환경, 그리고 남기는 영향력에 있습니다. 상사를 선택할 수는 없지만, 어떤 리더가 될지는 선택할 수 있습니다.

여러분은 어떤 방식으로 사람들에게 영감을 주고, 자신이 바라는 리더의 모습을 실현할 것입니까?

“ *가장 평범한 일도 올바른 사람들과*
하면 특별해질 수 있다. ”

— 엘리자베스 그린(Elizabeth Green)

36.
올바른 사람들의 힘

가장 단순한 활동도 함께하는 사람이 누구인가에 따라 특별하고 의미 있는 일이 될 수 있습니다. 이는 개인의 삶뿐만 아니라 직장에서도 마찬가지입니다. 업무 환경에서도 올바른 팀과 함께한다면, 반복적인 일조차 더 큰 성과와 즐거움, 그리고 성취로 이어질 수 있습니다. 강하고 서로를 지지하는 팀은 창의성과 동기를 높이고, 공동의 목적의식을 형성하여 일상을 진정한 비범함으로 바꿔 놓습니다. 이는 협력의 힘이 얼마나 큰지, 그리고 서로를 보완하고 성장시킬 수 있는 사람들과 함께 일하는 것이 얼마나 중요한지를 보여 줍니다.

하지만 우리가 항상 적합한 인재나 그들의 재능을 알아볼 수 있는 것은 아닙니다. 그 결과, 활용되지 못한 역량이 그대로 묻혀 버리곤 하는데, 이는 어떤 조직에서도 큰 손실입니다. 따라서 리더의 핵심적인 역할 중 하나는 재능을 발견하고, 그 잠재력을 최대한 발휘하게 하거나 성장할 수 있도록 돕는 것입니다.

다른 사람의 가능성 보기

1992년, 스티브 잡스는 MIT 슬론경영대학원 학생들과 대화를 나누었습니다. 한 학생이 "애플에서 배운 것 중 넥스트(NeXT)에서 가장 중요하게 적용하고 있는 것은 무엇입니까?"라고 묻자, 그는 잠시 생각에 잠긴 뒤 이렇게 대답했습니다.

"이제 저는 사람을 좀 더 장기적인 관점에서 바라봅니다. 예전에는 무언가 제대로 되지 않는 걸 보면 곧장 고치려고 했습니다. 하지만 지금은 이렇게 생각합니다. '우리는 여기서 앞으로 1년이 아니라 10년 동안 위대한 일을 함께할 팀을 만들고 있다.'라고 말입니다 따라서 지금 해야 할 일은 제가 문제를 어떻게 해결할까가 아니라 실수한 사람들을 도와 그들이 배우도록 하는 것입니다. 물론 이 과정이 때때로 힘들고, 여전히 제 첫 반응은 문제를 직접 해결하러 가는 것이지만, 그것을 억누르고 사람을 더 긴 호흡으로 바라보는 것이 아마도 제게 일어난 가장 큰 변화일 겁니다."

이 말은 강한 팀을 만들기 위해서는 재능을 발견하고 성장시킬 수 있어야 한다는 점을 잘 보여 줍니다. 잡스는 이 원리를 이해했고, 그것을 바탕으로 애플을 위대한 기업으로 성장시켰습니다. 그것이 그가 남긴 보이지 않는 유산입니다.

저는 요리를 좋아하는데, 의외로 《쿵푸 팬더(Kung Fu Panda)》 시리즈는 제가 좋아하는 영화 중 하나입니다. 《쿵푸 팬더 4》에서 포(Po)가 젠(Zhen)에게 이렇게 말하는 대사가 특히 마음에 남습니다.

"가장 훌륭한 요리는 때로 가장 예상치 못한 재료에서 나온다."

이 말은 놀라운 성과는 종종 예상치 못한 사람과 재능에서 비롯된다는 사실을 일깨워 줍니다. 저도 이런 순간을 여러 번 경험했습니다. 그리고 저 또한 누군가의 신뢰와 기회를 얻어 제 가능성을 증명할 수 있었습니다. 그러니 우리는 사람에게 집중해야 합니다. 그들에게 기회를 주고, 잠재력을 키워 주며, 스스로 빛날 수 있도록 도와야 합니다.

여러분의 삶에서 '예상 밖의 재료', 즉 놀라운 가능성을 보여 준 사람이나 경험은 무엇이었습니까?

“*비평가는 높은 곳에서 싸움을*
지켜보다가 살아남은 자들에게 내려와
총을 쏘는 사람들이다.”

— 어니스트 헤밍웨이(Ernest Hemingway)

37.
투쟁의 장으로 들어서다

중요한 건 비평가가 아닙니다. 안전한 곳에서 남의 시도를 비난하며 자신은 아무런 위험도 감수하지 않는 방관자들의 목소리는 결국 사라집니다. 진정한 성취는 경기장 안으로 발을 들인 사람, 즉 두려움에도 불구하고 시도한 사람, 넘어졌다가 다시 일어선 사람들의 것입니다. 세상은 늘 비판과 의심으로 가득하지만, 그 어떤 소리보다 중요한 건 내면의 목소리입니다. 여러분의 목적과 노력을 알고, 여정의 의미를 아는 그 목소리 말입니다.

가장 시끄러운 비평가일수록, 정작 당신이 하고 있는 일을 감히 시도조차 해보지 않은 사람들입니다. 그들은 아무런 위험도 감수하지 않고, 아무것도 세우지 않으면서도 평가만 합니다. 하지만 성장은 그들의 의견에서 오지 않습니다. 행동에서, 인내에서, 그리고 의심과 어려움 속에서도 앞으로 나아가기로 선택하는 용기에서 옵니다.

관중과 건설자의 차이

비평가들은 언제나 말이 많습니다. 그들은 자신이 해본 적 없는 결정을 분석하고, 감히 시도하지 못한 위험을 비웃으며, 스스로 지키지 못한 기준으로 타인을 평가합니다. 그러나 역사는 경기장 밖에 서 있던 사람들을 기억하지 않습니다. 세상은 소음 속에서도 나타나서 도전하고, 끝까지 밀어붙인 사람들을 기억합니다.

시어도어 루즈벨트(Theodore Roosevelt)는 이 진리를 다음과 같이 표현했습니다.

"중요한 것은 비평가가 아니다. 진정한 공로는 경기장 한가운데 서 있는 사람에게 돌아간다. 그의 얼굴은 먼지와 땀과 피로 얼룩져 있다. 그는 수없이 실수하고 넘어지지만, 실제로 행동하는 사람이다. 그는 뜨거운 열정과 헌신을 알고, 스스로 가치 있는 일에 몸을 던진다. 그래서 그의 자리는 승리도 패배도 모르는 냉담하고 겁 많은 영혼들과는 다르다."

그러니 타인의 평가에 마음을 두지 마십시오. 그들의 의심과 냉소, 비난은 흘려보내면 됩니다. 여러분이 해야 할 일, 세운 목표, 그리고 여러분을 움직이는 열정에 집중하십시오. 실패하더라도 과감히 도전한 사람으로 남는 것이, 실패가 두려워 한 걸음도 내딛지 못한 사람으로 사는 것보다 훨씬 낫습니다.

여러분은 비난의 두려움에 머무르겠습니까, 아니면 용기를 내어 경기장에 들어서겠습니까?

“ *좋은 친구는 별과 같다.*
항상 보이지는 않지만,
늘 그 자리에 있다는 걸 알게 된다. ”

— 작자 미상

38. 시간이 끊을 수 없는 인연

최근 저는 캐터필러(Caterpillar) 시절 함께 일했던 중국인 친구이자 동료였던 프랭크 리(Frank Li)와 저녁을 함께 했습니다. 마지막으로 만난 지 꽤 오랜 시간이 흘렀지만, 막상 마주 앉는 순간 마치 어제 만난 사람처럼 전혀 어색하지 않았습니다. 그는 출장길에 잠시 들른 것이었고, 우리는 그 기회를 놓치지 않고 다시 만났습니다.

중국어에는 이런 친구를 가리키는 특별한 표현이 있습니다. 老朋友(lǎo péngyǒu, 라오펑요우) — '오랜 친구'라는 뜻이죠. 여기서 '오랜'은 나이를 의미하는 것이 아니라, 시간과 거리를 뛰어넘는 깊은 우정의 유대를 뜻합니다. 이야기를 나누던 중 문득 당나라 시인 왕발(王勃, Wáng Bó)의 명문 〈등왕각서(滕王閣序)〉[7] 속 한 구절이 떠올랐습니다.

---

7 등왕각서(滕王閣序)는 당나라 초기 시인 왕발(王勃)이 675년에 지은 산문 겸

海內存知己, 天涯若比鄰(해내존지기, 천애약비린).

"세상에 마음을 알아주는 벗이 있다면, 하늘 끝에 떨어져 있어도 이웃처럼 가깝다."

진정한 우정은 거리에 있는 것이 아니라 마음의 연결에 있다는 뜻입니다. 아무리 오랜 시간이 지나고, 아무리 멀리 떨어져 있어도 어떤 우정은 끊어지지 않고 이어집니다. 마치 한 번도 멀어진 적이 없던 것처럼 말입니다.

웃음, 추억, 그리고 깨진 달걀

저녁 식사 자리에서 나눈 또 하나의 문장이 있는데, 버나드 멜처(Bernard Meltzer)의 말로, 듣자마자 미소가 지어졌습니다.

"진정한 친구란, 당신이 조금 금이 가 있다는 것을 알면서도 여전히 당신을 '좋은 달걀'이라고 생각해 주는 사람이다(A true friend is someone who thinks that you are a good egg even though he knows that you are slightly cracked.)"

운문 서문으로, 중국 고전 산문 가운데 가장 뛰어난 작품으로 평가된다. 강서성 남창의 누각인 등왕각에서 열린 연회에 참석해 즉흥적으로 지은 글로 알려져 있으며, 화려한 수사와 웅대한 자연 묘사, 인생의 부침과 우정에 대한 성찰이 어우러져 있다. 특히 "해내존지기, 천애약비린(海內存知己, 天涯若比隣)"이라는 구절로 널리 알려져, 공간을 넘어선 인간적 교감과 우정의 가치를 상징하는 고전으로 자리 잡았다. (역자 주)

솔직히 말하면, 저는 '약간'보다 좀 더 많이 금이 간 편일지도 모릅니다. 하지만 아마 그런 점이 인생을 더 흥미롭게 만드는 게 아닐까 싶습니다. 우리는 몇 시간이고 이야기를 나누었습니다. 일 이야기, 가족 이야기, 옛 동료들의 소식, 세상의 변화와 미래에 대한 생각까지, 이야기는 끝이 없었습니다. 함께하는 자리여서인지 음식은 더 맛있었고, 시간은 어느새 흘러가 버렸습니다. 마침내 헤어질 시간이 되어, 저는 그에게 아시아로 돌아가는 길이 안전하길 바란다고 인사를 전했습니다. 마음은 오랜만에 진한 감사로 가득했습니다.

이런 순간들은 진정한 우정이 얼마나 소중한 것인지를 다시 일깨워 줍니다. 인생은 빠르게 흘러가고, 우리는 종종 서로의 안부를 놓치곤 합니다. 하지만 좋은 우정은 사라지지 않습니다. 그저 잠시 기다리고 있을 뿐, 우리가 다시 그 자리로 돌아가면 언제든 이어집니다.

여러분은 마지막으로 오랜 친구와 다시 이어진 것이 언제입니까?

“ *어른의 가장 큰 비극은*
한때 자신도 마법을 믿었다는
사실을 잊는 것이다. ”

— 어린 왕자(The Little Prince)

39.
경이로움 다시 발견하기

제가 가장 아끼는 책은 앙투안 드 생텍쥐페리(Antoine de Saint-Exupery)의 『어린 왕자』입니다. 겉보기엔 어린이 책이지만, 그 속에는 인간의 본성과 관계, 그리고 어른이 되면서 잃어버리는 경이로움(wonder)에 대한 깊은 통찰이 담겨 있습니다.

저는 청소년 시절 처음 이 책을 읽었고, 이후 여러 번 다시 읽었습니다. 그럴 때마다 전혀 다른 책처럼 느껴졌습니다. 어린 시절엔 어린 왕자의 별과 여정이 주는 환상에 빠졌지만, 어른이 된 지금은 그 이야기 속 어른들의 모습을 통해 제 자신을 봅니다. 나이가 들수록 우리는 진짜 중요한 것을 잊고 산다는 사실을 새삼 깨닫습니다.

우리가 되어 버린 불완전한 어른들

어린 왕자는 여행 중 다양한 어른들을 만납니다. 그들은 모두 인간의 결함과 어른의 모순을 상징합니다.

- 왕 - 아무것도 다스리지 않으면서 복종만을 요구합니다. 권력과 통제의 허무함을 보여 줍니다.
- 허영쟁이 - 진심 어린 관계없이 칭찬만을 원합니다. 타인의 인정 욕구가 얼마나 공허한지를 일깨웁니다.
- 술꾼 - 자신의 부끄러움을 잊기 위해 술에 의지합니다. 문제를 마주하기보다 회피하는 인간의 습관을 보여 줍니다.
- 사업가 - 별을 세며 소유에 집착합니다. 진정한 기쁨 대신 숫자로 가치를 판단하는 현대인의 모습을 비춥니다.
- 가로등 점등원 - 세상이 변했는데도 여전히 낡은 규칙을 따릅니다. 변화가 필요해도 익숙함에 매여 사는 사람을 상징합니다.
- 지리학자 - 수많은 사실을 기록하지만, 직접 탐험하지는 않습니다. 경험보다 정보 축적에 머무는 지식의 한계를 보여 줍니다.

이들은 모두 상상력과 기쁨을 잃은 어른의 초상화입니

다. 우리가 어린 시절의 호기심과 감수성을 잃으면, 삶은 단조롭고 의미 없는 반복으로 바뀌어 버린다는 경고이기도 합니다.

아이의 눈으로 세상 보기

반면, 어린 왕자는 세상을 전혀 다른 시선으로 봅니다. 그는 권력이나 소유, 습관보다 사랑과 우정, 그리고 호기심을 더 소중히 여깁니다. 그리고 이렇게 일깨워 줍니다. 진정으로 중요한 것은 눈에 보이지 않는다는 것 — 어른들이 종종 잊고 사는 진리입니다.

성장하면서, 놀라움은 실용성으로 바뀌고, 호기심은 일상에 묻히며, 성공은 의미가 아니라 숫자로 재게 됩니다. 하지만 어린 왕자는 도전합니다. 어린 시절 이미 알고 있던 그 사실, 즉 가장 단순한 것들 속에도 여전히 '마법'이 존재한다는 것을 다시 발견하라고 말입니다.

여러분의 삶에, 잊고 지낸 그 '놀라움'을 조금 더 되살릴 수 있는 방법은 무엇입니까?

“ *딸은 이 세상이 줄 수 있는*
가장 아름다운 선물이다. ”

— 로렐 애더튼(Laurel Atherton)

40.
가장 큰 선물

인생은 수많은 순간들로 이루어져 있습니다. 어떤 순간은 스쳐 지나가고, 어떤 순간은 인생의 방향을 바꾸지만, 아이의 탄생만큼 깊이 있게 삶을 변화시키는 일은 드뭅니다. 딸이 태어난 그날, 시간이 멈춘 듯했습니다. 세상의 모든 소리가 사라지고, 순수하고도 거르지 않은 기쁨이 저를 감쌌습니다. 마치 온 우주가 잠시 숨을 고르며 이 작고 완벽한 생명의 탄생을 축복하는 듯했습니다.

아내와 저는 비교적 늦은 나이에 결혼했고, 오랫동안 아이를 갖기 위해 애썼습니다. 그 여정은 감정적으로 힘겨웠고, 특히 아내에게는 더욱 그랬습니다. 그러던 중 해외 근무를 마치고 미국으로 돌아온 직후, 기적 같은 일이 일어났습니다. 거의 바로 임신이 된 것입니다. 그 순간은 말로 다 표현할 수 없는 축복이자, 오랜 세월 간절히 바랐던

기도에 대한 응답처럼 느껴졌습니다.

지난한 시간들을 겪었기에 우리는 임신 기간 내내 조심스러웠습니다. 작은 일 하나에도 마음이 불안해졌고, 병원을 찾을 때마다 기대와 걱정이 뒤섞였습니다. 하지만 초음파 속 심장 소리, 뱃속의 작은 움직임 하나하나가 새로운 생명이 우리 안에 자라고 있다는 사실을 일깨워 주었습니다. 그것은 세상에서 가장 귀한 선물이었습니다.

모든 것을 바꾼 밤

그날은 예정일 3주 전의 평범한 일요일이었습니다. 우리는 요리를 하고, 이웃과 담소를 나누며 느긋하고 평화로운 오후를 보냈습니다. 그런데 그날 밤, 모든 것이 달라졌습니다.

예상치 못하게 진통이 시작된 것입니다. 혹시나 하는 마음에 짐을 챙겨 병원으로 향했습니다.

몇 시간이 흐르는 동안, 고통과 인내가 뒤섞인 시간이 이어졌습니다. 아내가 온몸으로 진통을 견디는 모습을 지켜보는 일은 제게도 큰 시험이었습니다. 그러나 그녀는 놀라울 만큼 강했습니다. 지치고 힘들었지만, 끝까지 포기하지 않는 결의가 눈부셨습니다. 그리고 월요일 새벽, 정적이 깃든 순간 — 딸 아이가 세상에 왔습니다.

처음 울음소리가 방 안을 가득 채웠습니다. 생명이 세상에 태어남을 알리는 그 울음은 거칠지만 아름다웠습니다. 처음 본 딸은 너무 작고, 너무 완벽했습니다. 그 순간 느낀 감정은 지금도 말로 다 표현할 수 없습니다. 아내가 처음으로 아이를 품었을 때, 세상은 잠시 사라진 듯했습니다. 모든 두려움과 고통, 그리고 길었던 기다림이 순식간에 사라지고, 오직 그 아이의 존재만이 세상을 채웠습니다.

말로 다할 수 없는 사랑

제가 처음으로 딸을 품었을 때, 제 안에서 무언가가 바뀌었습니다. 사랑과 책임, 그리고 감사가 한꺼번에 밀려왔습니다. 그 순간 저는 알았습니다. 이제 내 인생은 완전히 달라졌다는 것을. 아내가 잠시 쉬는 동안, 저는 딸을 안고 검사실로 향했습니다. 작은 몸을 품에 안고 있는 그 몇 분이 제게는 세상에서 가장 순수하고 충만한 시간이었습니다. 그것은 영혼 깊은 곳까지 채우는 기쁨이었습니다.

그녀의 탄생은 단순히 새로운 생명의 시작이 아니었습니다. 우리 가족의 새로운 장이 열린 순간이었습니다. 딸을 바라보며 저는 그녀 안에서 무한한 가능성을 보았습니다 – 그녀가 꾸게 될 꿈, 걸어갈 길, 그리고 성장해 나갈 사람의 모습까지. 그날 저는 비로소 기쁨과 사랑의 진정한 의미를 깨달았습니다.

감사로 이어진 10년

이제 딸 아이는 열 살이 되었습니다. 제 딸을 안을 때마다, 저는 다시 그날로 돌아갑니다 — 제 딸이 태어난 기적의 순간, 세상을 가득 채웠던 그 압도적인 사랑의 감정. 그 기억은 제 마음 깊숙이 새겨져, 부모로서 걸어가는 이 여정의 등불이 되고 있습니다.

매일 저는 기도합니다. 제 딸이 따뜻하고 강하며, 다른 사람을 헤아릴 줄 아는 사람으로 자라기를. 자신의 꿈을 따라 세상에 아름다운 흔적을 남기기를.

인생이 어떤 어려움을 가져오더라도, 저는 압니다. 그 모든 것을 압도하는 행복이 존재한다는 것을. 바로 딸을 처음 만난 그날, 그 축복 같은 순간 말입니다.

여러분의 삶에서는 어떤 순간이, 너무도 깊은 사랑으로 여러분을 영원히 바꾸어 놓았습니까?

“ *리더의 힘은 선택권에 있다.*
단 하나의 길만 남았을 때,
그 사람은 상황의 포로가 된다. ”

— 존 C. 맥스웰(John C. Maxwell)

41.
선택의 힘

“홉슨의 선택(Hobson's choice)”이라는 표현을 들어본 적이 있습니까? 이 표현은 선택지가 하나뿐인 상황, 즉 받아들이거나 포기하거나 둘 중 하나뿐인 경우를 가리킵니다. 이 말은 16세기 마부였던 토머스 홉슨에서 비롯되었는데, 그는 마구간의 말들이 고르게 쓰이도록 관리하기 위해 손님들에게 단 하나의 선택만 주었습니다. 문에 가장 가까운 말을 타든지, 아니면 아예 타지 않든지였습니다. 겉보기에는 선택지가 있는 것처럼 보였지만 실제로는 다른 대안이 없는 상황이었습니다.

오래전에 저는 한 비행기 추락 사고에 관한 기사를 읽은 적이 있습니다. 그 기사에는 조종사가 홉슨의 선택, 즉 단 하나의 행동만이 가능한 절박한 상황에 놓여 있었다고 쓰여 있었습니다. 그 표현이 제 마음에 오래 남았습니다.

극단적인 사례이긴 하지만, 인생에서도 단 하나의 선택만 강요될 때는 대부분 좋은 결과로 이어지지 않는다는 점을 생각하게 되었습니다.

이 원리는 개인의 삶뿐 아니라 비즈니스와 리더십에도 그대로 적용됩니다. 제프 베이조스(Jeff Bezos)는 이렇게 말했습니다.

"비즈니스에서 가장 나쁜 위치는 선택권이 없는 상태다. 언제나 대안을 만들어라."

그가 비즈니스의 맥락에서 한 말이지만, 이 생각은 모든 삶의 영역에 통합니다. 대안을 만들어 낼 수 있는 능력은 우리에게 유연성과 힘, 그리고 통제력을 줍니다. 스스로 적극적으로 선택지를 만들어 가면, 단 하나의 제한된 길에 갇혀 있다는 느낌에서 벗어날 수 있습니다.

인생은 '확률의 게임'이다

진부하게 들릴지 모르지만, 인생은 결국 확률의 게임입니다. 결과를 완전히 장담할 수는 없지만, 더 많은 선택지를 만들어 갈수록 원하는 결과를 얻을 확률은 높아집니다. 선택이 있을 때 환경에 끌려가는 대신, 성공의 가능성을 스스로 키워 갈 수 있습니다. 핵심은 미리 생각하고, 다가올 위험을 예상하며, 필요하기 전에 대안을 준비하는 것입니다.

물론 인생이 언제나 그렇게 단순하지는 않습니다. 때로는 상황이 선택지를 좁히기도 합니다. 하지만 의식적으로 더 많은 선택지를 만들수록, 미래를 통제하는 주체가 될 가능성은 커집니다. 결국 선택지를 만드는 힘이 곧 삶을 스스로 이끌어 가는 힘입니다.

상황이 어떻든 스스로의 길을 주도할 수 있도록, 여러분은 오늘 어떤 대안을 만들 수 있습니까?

“ *성공이 행복의 열쇠가 아니다. 행복이*
성공의 열쇠다. 당신이 하는 일을
사랑한다면, 성공할 것이다. ”

— 알버트 슈바이처(Albert Scheweitzer)

42.
열정이 성공을 이끈다

저는 다큐멘터리를 무척 좋아합니다. 특히 인간의 이야기를 깊이 있게 다룬 작품을 좋아합니다. 몇 해 전, 《Scotch: A Golden Dream》(2018)이라는 다큐멘터리를 보았습니다. 스카치위스키의 장인정신, 문화, 그리고 유산을 다룬 작품이었습니다. 그 중심에는 짐 맥유언(Jim McEwan)이라는 전설적인 인물이 있었습니다. 그는 수십 년 동안 위스키 산업의 흐름을 만들어 온 인물이었습니다.

영화 중 한 장면에서 맥유언은 제 마음에 깊이 남는 말을 했습니다. 그는 가슴을 손으로 두드리며 이렇게 말했습니다.

"태어날 때부터 죽을 때까지 당신 몸에서 변하지 않는 유일한 것이 있다. 바로 이거야. 멈추지 않아. 늘 같은 리듬으로 뛰지. 그런데 왜 그걸 따르지 않겠어?"

그때 그는 이미 50년 넘게 이 업계에 몸담고 있었습니다. 그의 오랜 경력은 단순한 기술이나 경험 때문이 아니었습니다. 그의 원동력은 '열정'이었습니다. 그에게 일은 단순한 직업이 아니라, 삶의 부름(calling) 이었습니다.

최고의 순간은 '제품'이 아니라 '경험'에서 온다

이 다큐멘터리에서 또 하나 인상 깊었던 부분이 있습니다. 사람들에게 "당신이 마셔 본 가장 훌륭한 위스키는 무엇입니까?"라고 묻자, 대부분의 대답은 희귀하거나 비싼 술이 아니었습니다. 대신 그들은 이런 순간들을 이야기했습니다.

- 아버지와 함께 나눈 한 잔의 술
- 절친한 친구들과 함께한 한 모금의 위스키
- 추운 밤, 따뜻한 불가에서 홀로 음미한 한 잔
- 위스키 향이 떠올리게 한 오래된 추억

사람들이 기억한 것은 무엇을 마셨는가가 아니라, 누구와 함께였는가였습니다.

이 생각은 위스키를 넘어, 삶의 본질을 보여 줍니다. 직장에서도 우리는 프로젝트나 승진보다 사람을 기억합니다. 기쁨과 어려움의 순간마다 곁에 있어 준 동료들, 이끌어 준 멘토들, 함께 도전하고 함께 성장했던 팀원들 — 그들이 곧 우리가 기억하는 '이야기'입니다.

마음을 담아 하는 일이 모든 것을 바꾼다

이 다큐멘터리를 보며 저는 다시 한번 배웠습니다. 어떤 일에 마음을 다할 때, 그것이 모든 것을 바꾼다는 사실을. 그것은 나 자신에게도, 그리고 함께하는 사람들에게도 영향을 미칩니다.

비즈니스에서도 성공은 단순히 제품의 품질로만 결정되지 않습니다. 경험, 즉 사람들이 느끼는 감정과 그 안에서 만들어지는 이야기가 진짜 가치를 만듭니다. 리더십도 마찬가지입니다. 진정한 리더는 결과만을 추구하지 않습니다. 사람과의 관계를 쌓고, 오래 남는 울림을 만드는 사람입니다.

여러분은 어떤 경험을 지금도 기억하고 있습니까? 일에서든 삶에서든, 그 순간이 특별했던 이유는 '무엇을 했기 때문'이 아니라, '누구와 함께였기 때문' 아닐까요?

“ *새로운 질문과 가능성을 제기하고,*
오래된 문제를 새로운 각도에서
바라보는 일에는 창의적 상상력이 필요하다.
그것이 과학의 진정한 발전이다. ”

— 알버트 아인슈타인(Albert Einstein)

43.
보이지 않는 것을 보다

제2차 세계대전 중, 연합군 지휘관들은 임무를 마치고 돌아온 전투기의 총탄 자국 패턴을 분석했습니다. 그들의 첫 판단은 논리적이었습니다. 가장 많은 피해를 입은 부위를 보강하자는 것이었죠. 하지만 수학자 에이브러햄 왈드(Abraham Wald)는 그들의 사고에 치명적인 오류가 있음을 지적했습니다. 그들은 '무사히 돌아온 비행기들만' 보고 있었던 것입니다.

돌아오지 못한 비행기들은 바로 가장 취약한 부위에 맞은 기체였습니다. 왈드의 통찰은 단순하지만 결정적이었습니다. 총탄 자국이 없는 부분이 오히려 약점이었습니다. 그 부위를 맞은 비행기들은 귀환하지 못했기 때문입니다. 이 깨달음은 항공기 보강 전략을 완전히 바꿔 놓았고, 이후 한국전쟁 당시 스카이라이더(Skyraider) 설계에도 큰 영향을 주었습니다. 이 이야기는 의사결정의 본질에 대한 강력한 교훈을 남깁니다. 때로는, 보이지 않는 것이 우리가 보는 것보다 더 많은 것을 말해 줍니다.

고정된 틀에 도전하기

이 원리는 항공 분야를 넘어 비즈니스, 리더십, 그리고 일상의 모든 영역에 적용됩니다. 우리는 종종 보이는 것에만 집중하고, 빠져 있는 것은 묻지 않는 함정에 빠집니다.

"우리는 늘 이렇게 해 왔어."

아마 이런 말을 수없이 들어보았을 겁니다. 조직에서 가장 위험한 말입니다. 저 역시 품질 개선 프로젝트를 진행하면서 비슷한 경험을 했습니다. "왜 이렇게 하는가?"라고 물으면, 아무도 이유를 기억하지 못하는 경우가 많았습니다. 처음에는 합리적이었던 방식이 시간이 지나며 환경과 맞지 않게 되었지만, 아무도 의문을 제기하지 않으니 비효율이 그대로 유지된 것이었습니다.

새로운 관점의 힘

아인슈타인은 이렇게 말했습니다.

"문제를 만든 사고방식으로는 그 문제를 해결할 수 없다."

진정한 해결책은 단순히 방법을 바꾸는 것이 아니라 생각의 틀을 바꾸는 것에서 나옵니다. 혁신은 기존의 전제를 의심하고, 문제를 새로운 시각에서 바라보며, 진짜 통찰은 눈앞에 있는 것보다 보이지 않는 곳에서 온다는 사실을 깨닫는 순간에 탄생합니다.

언제나 있었지만, 오늘 여러분이 놓치고 있을지도 모르는 것은 무엇입니까?

"*강한 리더는 목표는
확고하지만, 경로는 바꿀 줄 안다.*"

— 사이먼 시넥(Simon Sinek)

44.
확고한 비전, 유연한 경로

누구나 개인적이든 직업적이든 목표를 세웁니다. 하지만 일이 계획한 대로 흘러가는 경우는 많지 않습니다. 제 경험으로도, 중요한 목표를 이루는 과정에서 예상치 못한 장애물이 없었던 적은 한 번도 없습니다. 언제나 뜻밖의 도전, 불가피한 조정, 그리고 그 안에서 얻게 되는 배움이 존재했습니다.

리더십의 관점에서 보면, 성공이란 한 가지 길만을 고집스럽게 따르는 데 있지 않습니다. 진정한 리더는 확고한 신념과 유연한 대응력 사이의 균형을 압니다. 그들은 목적에서는 흔들리지 않지만, 실행에서는 유연함을 잃지 않습니다. '방향은 분명하지만 방법은 유연한 태도'가 그들로 하여금 불확실성을 헤쳐 나가게 하고, 팀의 잠재력을 이끌어 내며, 지속적 성장을 가능하게 합니다.

고집과 유연함의 균형

몇 년 전, 제프 베이조스(Jeff Bezos)의 인터뷰에서 이 주제에 대해 인상적인 말을 들었습니다. 그는 끈기와 적응력의 균형을 이렇게 설명했습니다.

"당신에게 필요한 것은 고집스러운 끈기와 유연성의 조합이다. 그리고 언제 어느 쪽이 필요한지를 알아야 한다. 비전에 대해서는 고집을 가져라. 그렇지 않으면 너무 쉽게 포기하게 된다. 그러나 세부 사항에서는 유연해야 한다. 비전을 추구하다 보면 처음에 가졌던 몇 가지 전제가 틀렸다는 사실을 깨닫게 될 것이고, 그때는 바꿀 수 있어야 한다."

그는 기업가 정신과 제품 개발에 대해 말했지만, 그 통찰은 리더십, 비즈니스, 그리고 인생 전반에 통합니다. 목표는 방향을 제시하지만, 그 목표에 이르는 길은 결코 직선이 아닙니다.

리더십에서의 유연함

탁월한 리더는 단지 비전을 세우는 데 그치지 않습니다. 상황에 맞게 전략을 끊임없이 다듬습니다. 비즈니스 세계에서는 계획-실행-점검-조치(PDCA: Plan-Do-Check-

Act)[8] 사이클 같은 체계를 통해 조직이 진행 상황을 점검하고, 필요한 조정을 식별하며, 필요할 때는 방향을 전환하도록 돕습니다. 반대로, 고정된 계획에 지나치게 매달리는 리더는 개선의 기회를 놓치거나, 더 나쁜 경우 팀을 잘못된 방향으로 이끌 위험이 있습니다.

제 경력도 이러한 원칙을 입증합니다. 처음 품질·신뢰성 엔지니어로 일할 때, 저는 그 분야에서 장기적으로 리더십 역할을 맡게 되리라 생각했습니다. 그러나 시간이 지나며 새로운 기회들이 제 길을 바꾸어 놓았습니다. 영감을 주는 리더들과 함께 일할 기회를 얻으며 시야가 넓어졌고, 이전에는 상상하지 못했던 기회로 나아갈 수 있었습니다.

그 과정에서 제 '성장'과 '리더십'에 대한 의지는 단 한 번도 흔들리지 않았습니다. 변화는 우회로가 아니라 여정의 일부라고 받아들였습니다. 그렇게 쌓인 경험과 성취들은 지금도 미래의 성공으로 이어지는 디딤돌이 되어 주고 있습니다.

---

8 PDCA(Plan-Do-Check-Act): 개선 활동을 계획(Plan)-실행(Do)-점검(Check)-조치(Act)의 반복 주기로 운영하는 관리 기법으로, 문제를 구조화해 해결하고 성과를 안정적으로 유지하는 데 활용된다. 린과 품질경영에서 핵심적인 지속적 개선 프레임워크로 자리 잡고 있다. (역자 주)

전략적 계획이란 모든 단계를 예측하는 것이 아니라, 변화에 대비하는 일입니다. 훌륭한 리더는 한발 앞서 생각하고, 다양한 가능성을 준비하며, 언제나 민첩함을 유지합니다. 그렇기에 변화 속에서도 궁극적인 목표를 잃지 않고 나아갈 수 있습니다.

여러분은 자신의 여정 속에서, 비전에 대한 확고함과 변화에 대한 유연함 사이의 균형을 어떻게 잡고 있습니까?

“ *차가운 물은*

늦게 뛰어들어도 따뜻해지지 않는다. ”

— 프랑수아 드 라 로슈푸코
(François de La Rochefoucauld)

45.
기다림의 대가

정말 그렇지 않습니까? 이 말에는 여러 가지 강력한 교훈이 담겨 있습니다.

첫째, 행동을 미루는 것이 어렵거나 불편한 일을 더 쉽게 만들어 주지 않는다는 사실을 일깨워 줍니다. 완벽한 때를 기다리는 것은 환상에 불과합니다. 세상에는 언제나 도전이 존재합니다. 어려운 결정, 부담스러운 프로젝트, 혹은 개인적인 목표 — 어떤 것이든 망설임은 불편함을 길게 늘릴 뿐입니다. 행동을 일찍 시작할수록, 우리는 더 빨리 적응하고 앞으로 나아갈 수 있습니다.

둘째, 시간에 대한 교훈입니다. 시간은 우리가 가진 가장 소중하고 대체 불가능한 자원입니다. 한 번 지나간 순간은 다시 돌아오지 않습니다. 우리는 늘 시간이 더 있었으면 하고 바라지만, 아이러니하게도 그 시간을 망설임과 두려움 속에서 흘려보내곤 합니다. 에드워드 영(Edward Young)이 현명하게 말했듯이, "미루는 습관은 시간을 훔치는 도둑"입니다. 실제로 일을 미루는 것은 단순히 진전을 늦추는 것에 그치지 않습니다. 기회와 성장의 가능성 자체를 빼앗는 일입니다. 시간은 늘 흐르고 있으며, 우리가 준비될 때까지 기다려 주지 않습니다.

셋째는 기회비용(opportunity cost)입니다. 행동을 미루는 매 순간은, 그 시간을 생산적으로 쓸 수 있었던 또 다른 가능성을 잃는 순간이기도 합니다. 더 나쁜 것은, 어떤 기회는 오래 기다려 주지 않는다는 점입니다. 지원하지 못한 일자리, 너무 오래 고민한 투자, 실행 대신 계속 다듬기만 한 사업 아이디어 — 이런 지체들이 결국 기회를 완전히 놓치는 결과로 이어질 수 있습니다.

물론 모든 상황이 단순히 흑백으로 나뉘는 것은 아닙니다. 신중한 계획이 필요한 순간도 있습니다. 그러나 대부분의 경우, 과도한 생각이 행동을 가로막습니다. 성공은 결국 결단력 있게 움직이는 사람에게 미소 짓습니다. 이 지혜는 말합니다 — 시간이 흘러가 버리기 전에, 현명하게 사용하라고.

오늘 여러분이 미루고 있는 일은 무엇입니까?

"어부가 바다에
나가지 못할 때는 그물을 수리한다."

— 속담

46.
다음 기회를 위한 준비

이 격언의 기원은 분명하지 않지만, 그 속에 담긴 지혜만큼은 부정할 수 없습니다. 바다가 거칠어 배를 띄울 수 없을 때, 어부들은 그냥 손을 놓고 있지 않습니다. 그들은 그물의 찢어진 곳을 고치고, 도구를 날카롭게 다듬으며, 다음 기회를 준비합니다. 그들은 고요한 시간을 현명하게 활용해, 바다가 다시 잔잔해질 때 즉시 나설 수 있도록 대비합니다.

비슷한 원리가 중국의 속담 "날씨가 맑을 때 지붕을 고쳐라(未雨綢繆 미우주무)"에도 담겨 있습니다. 메시지는 같습니다. 멈춤의 시간을 기다림으로 낭비하지 말고, 준비의 시간으로 써라.

이 지혜를 인생과 비즈니스에 적용하기

삶에서의 시련—실직, 질병, 개인적인 어려움—은 종종 강제로 주어진 '멈춤'처럼 느껴집니다. 그러나 이 시간들은 되돌아보고 배우며 자신을 단단히 다질 수 있는 기회이기도 합니다. 이 시기를 새로운 기술을 배우고, 관계를 돌보며, 신체적·정신적 건강에 투자하는 시간으로 바꿀 수 있습니다. 제가 컨설팅 회사를 설립하던 시절, 저는 이 태도를 실천했습니다. 개인적인 성장에 집중하고, 가족과 친구들과의 시간을 소중히 여기며, 건강을 우선순위로 두었습니다. 그 준비의 시기는 훗날 값진 결실로 돌아왔습니다.

비즈니스 세계에서도 한가한 시기는 불안하고 답답하게 느껴질 수 있습니다. 그러나 그 시간을 헛되이 보낼 필요는 없습니다. 현명한 기업은 이 시간을 절감이 아닌 성장의 시간으로 활용합니다.

- 내부 프로세스 개선 - 운영을 간소화하고 비효율을 제거하며, 업무 흐름을 향상시킨다.
- 직원 역량 강화 - 교육과 훈련을 통해 기술을 높이고, 팀의 역량을 확장한다.
- 혁신 촉진 - 새로운 제품, 서비스, 시장을 탐색한다.
- 관계 강화 - 고객, 파트너, 구성원과의 신뢰를 깊게 다진다.

제가 공장장을 맡았을 때, 우리는 비수기마다 지속적 개선 프로젝트(Continuous Improvement Projects)를 진행했습니다. 이런 선제적 접근은 단순히 효율성을 높인 것에 그치지 않고, 장기적인 성공의 기반을 마련하는 계기가 되었습니다. 경기 침체기에 발전에 투자한 기업은, 시장이 회복될 때 훨씬 더 강한 모습으로 돌아옵니다.

비록 한가한 시간이 도전처럼 느껴질 수 있지만, 그것은 동시에 강력한 기회이기도 합니다. 핵심은 시각을 바꾸는 것입니다 – 그것을 '멈춤의 시간'이 아니라 다음 기회의 물결을 위한 준비의 시간으로 보는 것.

여러분은 지금까지 '멈춤의 시간'을 어떻게 활용해, 미래의 성공을 준비해 왔습니까?

“ *폭풍이 지나가면 어떻게 견뎠는지*
기억나지 않을 것이다.
살아남은 방법도 기억나지
않을 것이다. 폭풍이 정말 끝났는지도 확신할 수
없을 것이다. 그러나 한 가지는 분명하다.
폭풍에서 나올 때, 당신은 들어갔던 그 사람이
아니다. 그것이 이 폭풍의 의미다. ”

— 무라카미 하루키(Haruki Murakami)

47.
폭풍의 힘

이 인용문은 제게 깊은 울림을 줍니다. 왜냐하면 저 역시 다른 사람들처럼 저만의 폭풍을 여러 번 지나왔기 때문입니다. 어떤 것은 작은 시련이었고, 어떤 것은 인생의 방향을 바꾼 큰 시험이었습니다. 그러나 그 모든 경험이 저를 단련시키고, 성장시켰습니다. 그 도전들이 없었다면 지금의 저는 존재하지 않았을 것입니다. 그 과정을 통해 저는 끈기, 회복력, 그리고 언제 행동해야 하고 언제 견뎌야 하는지를 아는 지혜를 배웠습니다. 돌이켜 보면, 두 가지가 특히 마음에 남습니다.

1. 폭풍을 혼자 맞을 필요는 없다

저는 한 번도 혼자서 폭풍을 견디지 않았습니다. 가족, 친구, 동료, 그리고 멘토들이 언제나 곁에 있었습니다. 그들은 제가 가장 필요로 할 때 제 손을 잡아 주었고, 다시 일어설 수 있도록 힘을 주었습니다. 제 커리어를 돌아보면, 낯선 도시나 해외에서 새로운 역할을 맡아야 했던 순간들이 많았습니다. 그럴 때마다 제게 진짜 용기를 준 것은 신뢰받고 있다는 사실뿐 아니라, 혼자가 아니라는 확신이었습니다. 혹시 지금 폭풍 속에 있다면, 혼자 감당해야 한다고 생각하지 마십시오. 주위를 돌아보면, 당신을 지탱해 주는 버팀목은 생각보다 가까이에 있을지도 모릅니다.

2. 폭풍이 지나간 뒤의 고요를 기념하라

모든 폭풍은 결국 지나갑니다. 그리고 그 뒤에는 반드시 축하할 무언가가 남습니다. 큰 승리일 수도 있고, 단지 안도의 숨을 쉬는 짧은 순간일 수도 있습니다. 하지만 우리는 종종 너무 빨리 다음으로 넘어가 버립니다. 지금까지 걸어온 길을 되돌아보며 스스로를 인정하는 일을 잊곤 합니다. 축하가 거창할 필요는 없습니다. 가족과 함께하는 조용한 저녁 식사, 동료들과의 한잔, 혹은 마음속의 작은 감사의 기도면 충분합니다. 작가 조엘 레온(Joél Leon)은 이렇게 말했습니다.

“자신을 축하하는 일을 잊지 마세요. 당신의 승리를, 당신의 성장과 회복을, 그리고 당신의 존재 자체를 축하하세요. 하루하루, 스스로 그럴 자격이 없다고 느껴질 때조차도 말입니다."

맞습니다. 여러분 자신을 축하하세요. 그리고 그 여정을 함께 걸어 준 사람들과도 기쁨을 나누세요. 그들 역시 그 길의 일부였으니까요. 그리고 축하가 끝나면, 다시 앞으로 나아가면 됩니다 — 더 강하고, 더 현명하게, 다가올 어떤 폭풍도 맞설 준비가 된 채로.

여러분이 최근에 맞았던 폭풍은 무엇이었습니까?
그 폭풍 뒤에 찾아온 무지개를 어떻게 축하했습니까?

“ *리더십의 기능은 더 많은 추종자를*
만드는 것이 아니라,
더 많은 리더를 만드는 것이다. ”

— 랄프 네이더(Ralph Nader)

48.
리더십의 인간적 측면

흔히 리더십을 전략, 비전, 혹은 카리스마로 생각합니다. 하지만 뛰어난 리더십의 진짜 힘이 훨씬 더 인간적이고 개인적인 영역에 있다면 어떨까요?

에릭 슈미트(Eric Schmidt), 조너선 로젠버그(Jonathan Rosenberg), 앨런 이글(Alan Eagle)이 쓴 『빌 캠벨, 실리콘밸리의 위대한 코치(Trillion Dollar Coach: The Leadership Playbook of Silicon Valley's Bill Campbell)』를 처음 접했을 때, 저는 제목만 보고 재무 코칭에 관한 책일 것이라 생각했습니다. 그러나 완전히 틀렸습니다. 이 책은 전직 미식축구 코치에서 실리콘밸리 최고의 리더들을 이끈 경영 코치 빌 캠벨(Bill Campbell)의 리더십 철학과 코칭 원칙을 탐구한 내용이었습니다. 그는 스티브 잡스(Steve Jobs), 래리 페이지(Larry Page), 제프 베이조스(Jeff Bezos) 등 수많은 리더들의 멘토였습니다.

책 전반에서 캠벨은 자신의 철학을 공유합니다. 핵심은 세 가지입니다. 사람 우선(People First), 팀워크(Teamwork), 그리고 진솔함과 단호한 사랑(Candor & Tough Love). 그의 코칭 방식은 매우 직접적이지만, 동시에 경청하고, 이끌어 주고, 도전하게 만드는 데 초점이 있었습니다. 결국 중요한 것은 실행과 의사결정입니다. 그렇다면 캠벨의 '사람 우선' 철학에서 무엇을 배울 수 있을까요?

신뢰에서 시작하라

좋은 리더가 되고 싶다면 신뢰를 쌓는 것부터 시작해야 합니다. 빌 캠벨은 이렇게 믿었습니다. 신뢰란 오랜 경험 끝에 얻는 결과물이 아니라, 처음부터 사람들에게 '안전하다'는 느낌을 주는 관계에서 시작된다고. 신뢰가 있다는 것이 항상 동의한다는 뜻은 아닙니다. 오히려 신뢰가 강할수록 의견이 다를 때 더 자유롭게 이야기할 수 있습니다. 그럴 때 비로소 대화가 생기고, 아이디어가 오가며, 진짜 협업이 시작됩니다. 만약 여러분의 팀이 충분히 이야기하지 않는다면, 그들이 안심하고 반대 의견을 낼 수 있을 만큼의 신뢰를 느끼고 있는지 돌아봐야 합니다. 성과지표나 의사결정, 결과에 집중하는 것은 쉽습니다.

그러나 신뢰가 없다면 모두 무의미합니다. 사람들은 자신이 믿는 리더를 따릅니다. 그리고 리더가 자신을 진심으로 아낀다고 느낄 때, 비로소 그들은 마음을 엽니다.

코칭을 받아들이는 태도, 팀워크, 그리고 진짜 영향력

캠벨은 실리콘밸리의 위대한 인물들—잡스, 베이조스, 페이지—을 코칭했습니다. 그가 그들을 이끈 이유는 정답을 알고 있어서가 아니라, 옳은 질문을 던질 줄 알았기 때문입니다. 그는 도전하게 했고, 길을 제시했으며, 그들이 더 나은 리더가 되도록 성장시켰습니다. 단 하나의 조건이 있었습니다. 코칭을 받아들일 수 있어야 한다(coachable)는 것입니다.

여러분은 그렇습니까?

캠벨은 코칭 관계에서 가장 큰 성과를 얻기 위해서는 사람이 코칭을 받아들일 수 있어야 한다고 믿었습니다. 그는 정직함, 겸손함, 끈기, 성실함, 그리고 끊임없이 배우려는 태도가 있는지를 살폈습니다. 성공적인 코칭 관계에는 높은 수준의 취약함(vulnerability)이 필요합니다. 코칭을 받아들일 수 있다는 것은, 이미 성공한 상황에서도 계속해서 배우려는 의지가 있음을 의미합니다. 그러기 위해서는 자신의 취약함을 드러낼 용기가 필요합니다. 바로 그

지점에서 진정한 성장이 일어납니다.

마지막으로 기억해야 할 점이 있습니다. 사람들은 종종 모든 것을 해낼 것처럼 보이는, 뛰어난 지성과 능력을 갖춘 '슈퍼 히어로'를 찾으려 합니다. 그러나 캠벨은 팀이 그런 (미식축구팀의) 쿼터백들만으로는 결코 제대로 기능할 수 없다고 말했습니다. 팀에는 서로 다른 재능이 신중하게 엮여 조화를 이루는 구성이 필요하다는 것입니다. 그는 이렇게 썼습니다.

"적재적소에 적합한 사람이 있다면, 그들을 관리할 필요가 없습니다. 그들은 스스로 위대한 일을 해낼 것입니다."

잠시 멈춰 자신에게 물어보세요.

- 나는 사람을 우선하고 있는가?
- 나는 신뢰를 쌓고 있는가, 아니면 그저 바라기만 하는가?
- 나는 코칭을 받아들일 수 있는 사람인가?
- 나는 함께 승리할 수 있는 팀을 만들고 있는가?

이 교훈을 실천하기 위해 실리콘밸리에 있을 필요도, 유명할 필요도 없습니다. 그저 사람을 진심으로 아끼고, 신뢰와 겸손, 그리고 따뜻한 마음으로 이끌 용기만 있으면 됩니다.

이번 주, 여러분은 어떤 한 가지 행동으로 그런 리더에 한 걸음 더 다가갈 수 있을까요?

“ *우리는 바람을 조종할 수 없지만,*
돛을 조정할 수 있다.
최대의 행복과 평화, 그리고 만족을 위해
긍정적인 태도를 선택하라. ”

— 토마스 S. 몬슨(Thomas S. Monson)

49.
돛을 조정하기

이 인용문은 토머스 S. 몬슨(Thomas S. Monson), 지미 딘(Jimmy Dean), 돌리 파튼(Dolly Parton) 등 여러 사람에게서 비롯된 것으로 알려져 있지만, 누가 처음 말했다 하더라도 그 메시지는 변하지 않습니다. 세상에서 일어나는 일을 모두 통제할 수는 없지만, 그에 어떻게 반응할지는 통제할 수 있습니다. 태도, 사고방식, 그리고 적응력은 우리가 얼마나 멀리 나아갈 수 있는지를 결정합니다.

하지만 돛의 방향을 조정하기 전에, 먼저 어디로 향하고 있는지를 알아야 합니다. 세네카(Seneca)는 이렇게 말했습니다.

"어느 항구로 향하는지 모른다면, 그 어떤 바람도 순풍이 될 수 없다."

바로 이것이 핵심입니다 — 명확성(clarity). 삶이든, 리더십이든, 비즈니스든 분명한 목적지를 가져야 합니다. 저는 종종 그것을 '북극성(North Star)' 혹은 '푸른 점(Blue Dot)'이라고 부릅니다. 지금 시간을 투자하고 있는 일이 올바른 일인가? 정말 올바른 방향으로 가고 있는가? 만약 그 답이 "그렇다"라면, 회복력(resilience)과 적응력(adaptation)이 성공의 도구가 됩니다. 하지만 "아니오"라면, 방향을 바꾸거나 잠시 멈춰 서서 진정한 항로를 다시 찾아야 할 때입니다.

방향이 정해졌다면, 다음 단계는 적응력을 받아들이는 것입니다. 랜디 파우시(Randy Pausch)가 말한 바와 같습니다.

"주어진 카드를 바꿀 수는 없지만, 그 패를 어떻게 쓸지는 선택할 수 있다."

매일 크고 작은 도전이 찾아옵니다. 어떤 날은 이기고, 어떤 날은 그렇지 못합니다. 그러나 내일은 언제나 다시 조정하고, 개선하고, 앞으로 나아갈 수 있는 또 하나의 기회입니다. 비즈니스에서도, 인생에서도 마찬가지입니다. 명확함과 자기 인식이 전부입니다. 지금 내가 어디에 있는지, 현재의 현실과 궁극적인 목표 사이의 간극이 무엇인지 파악하고, 그 간극을 메우기 위해 결단력 있는 행동을 취해야 합니다.

그러니 하루를 마무리할 때 잠시 멈추어 스스로에게 물어보십시오.

- 오늘은 작은 승리였는가, 큰 승리였는가?
- 좌절이나 큰 도전에 부딪히지는 않았는가?
- 내일을 위해 무엇을 조정해야 할까?

바람이 어떻게 불든, 돛을 조정할 힘은 여러분에게 있습니다. 진짜 질문은 이것입니다.

내일, 여러분은 그 돛을 어떻게 조정할 것입니까?

"변화 없이는 혁신도, 창의성도, 개선의 동기도 없다. 변화를 시작하는 자가 불가피한 변화를 더 잘 관리할 기회를 가진다."

— 윌리엄 폴라드(William Pollard)

50.
지속적 개선의 규율

저는 수년 동안 규칙적인 운동 습관을 유지하며 건강을 잘 유지해 왔습니다. 하지만 업무 부담이 커지고 출장과 스트레스가 늘어나면서 운동이 불규칙해지고 식습관도 흐트러졌습니다. 어느새 건강이 우선순위에서 밀려 있었습니다.

2024년에 저는 의식적으로 방향을 바꾸기로 결심했습니다. 꾸준한 운동과 균형 잡힌 식사를 다시 생활의 중심에 두었고, 건강을 통제하지 않으면 결국 건강이 저를 통제하게 된다는 사실을 절감했습니다. 되돌아보니 개인의 건강과 기업의 건강은 닮아 있었습니다. 둘 다 꾸준한 노력, 책임감, 그리고 개선에 대한 헌신 없이는 유지될 수 없습니다.

개인과 마찬가지로 기업도 단기적 안락함에 안주

하면 장기 경쟁력을 잃습니다. 지속적 개선(Continuous Improvement)의 문화가 없으면 경쟁 우위는 금세 사라집니다. 이때 린 문화(Lean Culture)[9]는 성과를 유지시키는 강력한 기반이 됩니다.

개인 건강과 린 리더십의 공통점

1. 변화의 필요성을 인식하기

제가 건강이 나빠지고 있음을 인정해야 했던 것처럼, 기업도 경쟁력 약화를 직시해야 합니다. 지속 가능한 성공은 끊임없는 개선의 사고방식에서 나옵니다. 린 조직은 호신 칸리(Hoshin Kanri) 같은 전략적 조율 체계를 통해 모든 구성원이 한 방향으로 움직이도록 만들고, 문제를 조기에 발견해 정체를 막습니다.

2. 규율 있고 일관된 실행

불규칙한 운동 계획은 아무 소용이 없습니다. 마찬가지로 실행되지 않는 비즈니스 전략은 아무 가치가 없습니

9 린 문화(Lean Culture): 일본 도요타 생산방식(TPS)에 뿌리를 둔 경영 철학으로, 낭비 제거, 가치 흐름 최적화, 지속적 개선(Kaizen), 문제의 현장 해결(Gemba)을 핵심 원칙으로 한다. 단순한 생산기법이 아니라, 조직 전체가 효율·품질·개선을 일상적 습관으로 내재화하는 운영 문화를 의미한다. (역자 주)

다. 기업은 카이젠(Kaizen, 지속적 개선), A3 문제 해결[10], 가치 흐름 매핑(Value Stream Mapping)[11] 등 규율 있는 개선 프로세스를 통해 낭비를 제거하고 효율을 높여야 합니다. 또한 겜바 워크(Gemba Walks)[12]와 표준화 작업(Standardized Work) 같은 일상 관리로 실행력을 뒷받침해야 합니다.

3. 진행 상황 모니터링

운동에서는 진전을 기록하는 것은 스스로에게 책임감을 부여합니다. 기업에서도 핵심 성과 지표(KPI)와 시각적 관리 도구가 그 역할을 합니다. 하지만 모든 것을 추적하면 정작 중요한 것에 집중할 수 없습니다. 린 조직은 고객 가치와 성과에 직접 연결된 핵심 지표 몇 가지에만 초점을 맞춥니다.

---

10 A3 문제 해결(A3 Problem Solving): 도요타에서 발전한 체계적 문제 해결 방식으로, 한 장짜리 A3 용지에 문제 정의, 현상 파악, 원인 분석, 대안 도출, 실행 계획, 결과 검증을 일관된 흐름으로 정리한다. 복잡한 문제도 핵심만 명확히 드러내어 사고의 구조화, 논리성, 조직 내 공유·정렬을 돕는 도구로 활용된다. (역자 주)

11 가치 흐름 매핑(Value Stream Mapping): 제품이나 서비스가 고객에게 전달되기까지의 전체 흐름을 시각적으로 표현하는 Lean 기법으로, 공정·정보·대기 시간을 모두 포함해 가치 활동과 낭비 요소를 한눈에 파악히도록 돕는다. 현재 상태를 분석하고, 개선 목표를 담은 미래 상태를 설계함으로써 프로세스 최적화와 낭비 제거를 체계적으로 지원한다. (역자 주)

12 겜바 워크(Gemba Walk): 경영자와 리더가 사무실을 벗어나 문제가 발생하는 실제 현장(gemba)을 직접 찾아가 업무 흐름, 장애 요인, 근본 원인을 관찰하고 이해하는 Lean의 핵심 실천 방식이다. 보고서나 지표가 아닌 현장에서의 사실(facts)을 기반으로 개선 기회를 발견하고, 구성원과의 대화를 통해 지속적 개선(Kaizen)을 이끌어 내는 데 목적이 있다. (역자 주)

4. 변화에 대한 적응력

운동의 여정에는 언제나 좌절이 있습니다. 정체기, 부상, 예기지 못한 사건들이 생길 때마다 방식의 조정이 필요합니다. 기업도 마찬가지로, 시장 환경이 변할 때에는 유연하게 전환해야 합니다. 린 조직은 PDCA(Plan-Do-Check-Act) 사이클과 근본 원인 분석(5Whys)[13]을 통해 문제를 진단하고 필요한 조치를 취합니다.

5. 장기적 헌신

지속적인 건강은 단기간의 처방으로 얻어지지 않습니다. 건강한 삶을 하나의 생활 방식으로 만드는 것이 중요합니다. 비즈니스 성공도 마찬가지입니다. 린은 단순한 도구 모음이 아니라, 지속적 개선(Kaizen)과 장기적 사고(Hoshin Kanri)에 기반한 문화입니다. 이 철학을 실천하는 기업은 장기적으로 회복력 있고, 유연하며, 성장하는 조직으로 발전합니다.

저의 건강에 대한 새로운 다짐은 단지 신체적 변화를 넘어, 조직의 건강을 유지하는 것이 얼마나 중요한가를

---

13 5 Whys(5번의 왜): 도요타에서 개발된 근본 원인 분석 기법으로, 문제 상황에 대해 "왜?"라는 질문을 반복해 표면적 원인을 넘어 근본 원인을 찾아내는 방식이다. 일반적으로 다섯 번 반복하면 핵심 원인에 도달할 수 있다는 경험적 원칙에서 이름이 비롯되었으며, A3 문제 해결·카이젠 등 린 도구와 함께 사용된다. (역자 주)

다시 일깨워 주었습니다. 적응력, 개선, 그리고 장기 전략을 우선하는 기업은 단지 생존하는 데 그치지 않습니다. 그들은 시장을 이끌어 갑니다.

지금 여러분은 개인적·직업적 건강을 스스로 강화하고 있습니까?
아니면 상황이 악화되어 더 이상 미룰 수 없을 때까지 기다리고 있습니까?

“ *20년 후, 당신은 한 일을 후회하기보다 하지 않은 일을 더 후회할 것이다. 그러니 밧줄을 풀고, 안전한 항구를 떠나라. 돛에 무역풍을 받아라. 탐험하고, 꿈꾸고, 발견하라.* ”

— 마크 트웨인(Mark Twain)

51.
미래를 향해 항해하기

저는 이 문장을 인생의 후반에 접했지만, 그때 받은 충격은 아주 컸습니다. 당시 저는 커리어 전환을 고민하고 있었는데 이 말은 제게 질문을 던졌습니다. "언젠가 뒤돌아봤을 때, 도전하지 않은 것을 후회하게 되지 않을까?" 저는 막 대학을 졸업한 젊은 나이는 아니었지만, 그것은 중요하지 않았습니다. 위험을 감수하는 일은 젊은 사람만의 특권이 아니라, '만약 그랬더라면'이라는 삶을 거부하는 모든 사람의 몫이기 때문입니다. 돌이켜 보면, 그때 그 한 걸음을 내디딘 자신에게 진심으로 감사하고 있습니다.

세상에서 가장 성공한 사람들 중 상당수는 전통적인 길을 따르지 않았습니다. 그들은 일찍이 안정 대신 위험을 택했고, 꿈을 좇기 위해 익숙한 것을 버렸습니다.

- 빌 게이츠(Bill Gates, 마이크로소프트) - 1975년 하버드를 중퇴하고 마이크로소프트를 공동 창업함.
- 스티브 잡스(Steve Jobs, 애플) - 리드 칼리지를 중퇴하고 여러 산업을 혁신함.
- 마크 저커버그(Mark Zuckerberg, 페이스북) - 하버드를 떠나 세계 최대의 소셜 네트워크를 구축함.
- 마이클 델(Michael Dell, 델 테크놀로지스) - 19세 때 대학 기숙사에서 회사를 창업함.

하지만 새로운 시작은 젊은 사람만의 이야기가 아닙니다. 인생의 후반부에 자신의 소명을 발견한 이들도 많습니다. 그들은 인생의 어느 시점에서도 방향을 바꿀 수 있음을 증명했습니다.

- 하랜드 샌더스 대령(Colonel Harland Sanders, KFC) - 65세에 세계적 프랜차이즈를 세움.
- 레이 크록(Ray Kroc, 맥도날드) - 52세에 맥도날드를 글로벌 브랜드로 성장시킴.
- 아리아나 허핑턴(Arianna Huffington, 허핑턴 포스트) - 55세에 미디어 제국을 창립함.
- 베라 왕(Vera Wang) - 40세에 패션 디자이너로 전향함.
- 안도 모모후쿠(Momofuku Ando) - 48세에 인스턴트 라면을 발명해 식품 역사를 바꿈.

• 장중모(Morris Chang, TSMC) - 56세에 세계 최고의 반도체 회사를 창립함.

그렇다면 왜 많은 사람들이 나이가 든 후에는 큰 결단을 주저할까요? 두려움, 책임감, 그리고 불확실성 때문입니다. '큰 변화는 젊을 때만 가능한 일'이라고 믿기 쉽지만, 그것은 사실이 아닙니다. 모든 것을 내려놓고 처음부터 다시 시작할 필요는 없습니다. 다만 익숙함의 울타리 밖으로 나설 용기가 필요한 순간이 있을 뿐입니다.

작가 존 A. 셰드(John A. Shedd)는 이렇게 말했습니다.

"항구에 정박한 배는 안전하다. 그러나 배는 항구에 머물기 위해 만들어진 것이 아니다."

여러분이 바로 그 배입니다. 여러분은 앞으로 나아가고, 자신의 '북극성'을 향해 항해하며, 미지의 바다를 탐험하기 위해 태어났습니다. 길은 결코 쉽지 않지만, 진짜 질문은 이것입니다.

여러분은 안전한 항구에 머무를 것입니까, 아니면 미래를 향해 돛을 올릴 것입니까?

“ *매일 매일이 한 해 중 가장 최고의 날임을 마음에 새겨라. 하루를 온전히 누리는 사람이 진정한 부자이며, 근심과 불안을 들이는 순간 그 날은 더 이상 자신의 것이 아니다. 매일 저녁 그날을 마무리하고 훌훌 털어 버려라. 당신은 할 수 있는 만큼 했다. 물론 실수와 어리석은 일들도 있었겠지만, 가능한 한 빨리 잊어라. 내일은 새로운 날이다. 지난날의 쓸데없는 일들에 얽매이기엔 당신의 영혼이 너무 고결하니, 평온하고 담대한 마음으로 하루를 시작하라. 이 새로운 날은 희망과 가능성으로 가득 찬 소중한 날이니, 어제 일로 단 한 순간도 낭비하지 말라.* ”

— 랄프 월도 에머슨(Ralph Waldo Emerson)

52.
오늘의 힘

이 책의 마지막은 제가 가장 좋아하는 구절로 마무리하고 싶습니다. 에머슨(Ralph Waldo Emerson)의 아름답고 영감을 주는 한 대목입니다. 그의 말은 과거의 실수와 불안에서 벗어나, 매일을 새로운 시선으로 받아들이라는 강력한 메시지를 전합니다. 에머슨은 마음의 평정, 회복력, 그리고 새로움의 정신—삶과 리더십을 모두 빚어내는 핵심 덕목—을 이야기합니다.

아무도 완벽한 하루를 살 수는 없습니다. 인생에는 오르막과 내리막이 공존합니다. 그러나 우리는 지금 이 순간을 살아가기로 선택해야 합니다. "오늘이 최고의 날이다"라는 생각은 과거에 머무르거나 미래를 걱정하기보다, 현재의 순간을 있는 그대로 소중히 여기도록 해줍니다.

어니스트 헤밍웨이(Ernest Hemingway)는 《누구를 위하여 종은 울리나(For Whom the Bell Tolls)》에서 이렇게 썼습니다.

"오늘은 수많은 날들 중 단 하루에 불과하다. 그러나 앞으로 오게 될 모든 날에 어떤 일이 일어날지는 오늘 당신이 무엇을 하느냐에 달려 있다."

핵심은 이것입니다. 오늘 하는 일이 중요하다는 것. 오늘이라는 하루를 온전히 자기 것으로 삼으십시오. 스트레스, 불안, 외부의 압박이 시간과 에너지를 지배하도록 내버려 두지 마십시오. 실수와 실패는 피할 수 없지만, 그것이 우리를 정의하지는 않습니다. 진정으로 우리를 규정하는 것은 명확한 목표와 단단한 의지로 다시 나아갈 수 있는 능력입니다.

제리 폴웰 시니어(Jerry Falwell Sr.)는 이렇게 말했습니다.

"사람의 위대함은 재능, 부, 학력으로 판단되는 것이 아닙니다. 그 사람을 낙담시키는 데 얼마나 많은 것이 필요한지를 보면 알 수 있습니다."

역경 속에서도 다시 일어서는 회복력 — 바로 그것이 평범함과 위대함을 가르는 기준입니다. 매일 우리 앞에는 새로운 희망과 기회가 주어집니다. 그러니 과거의 실수, 후회, 실패에 짓눌리지 말고, 긍정과 목적의 마음으로 하루를 시작하십시오.

여러분은 지금 부정적인 감정에서 벗어나 의식적으로 하루를 살아가고 있습니까?
이 새로운 하루를 어떻게 쓰려고 합니까?

한국어판 특별 에필로그

이 책의 마지막 장을 덮으며 이 글이 저 혼자의 언어로 쓰인 것이 아니라, 언제나 곁에서 함께해 주신 분들 덕분에 가능했음을 새삼 느낍니다.

아내 은주에게: 당신의 변함없는 사랑과 믿음 덕분에 흔들릴 때마다 다시 마음을 다잡고 일어설 수 있었어요.

딸 개비(Gabby)에게: 너는 내가 매일 세상을 호기심과 기쁨으로 바라보게 하는 영감이란다.

두 사람이 없었다면 『리더를 만드는 보이지 않는 힘(The Leader's Soul)』은 세상에 나오지 못했을 것입니다.

부모님과 누이들에게도 깊이 감사드립니다. 특히 어머니께서는 평생 한결같은 가치와 신앙으로 제 삶의 닻이 되어 주셨습니다. 오늘의 제가 한 사람으로서, 그리고 리더로서 설 수 있는 토대는 바로 어머니께서 주신 믿음 덕분입니다.

제 인생의 여정에는 수없이 많은 분들이 함께해 주셨습니다. 그 모든 이름을 다 부를 수는 없지만, 그분들은 한 가지 분명한 진실을 일깨워 주셨습니다. 리더십은 도달해야 할 어떤 자리가 아니며, 쌓아 나가야 할 업적의 목록도 아니라는 것입니다. 그것은 마음에서 시작해 마음으로 완성되는 여정입니다.

우리는 각자의 가치와 마음에 품은 이야기를 통해, 그리고 그것을 삶으로 보여 주려는 용기를 통해 이끌어 갑니다.

이 책의 번역을 맡아 주신 신재훈 대표님께 진심으로 감사드립니다. 신 대표님의 세밀하고 헌신적인 번역 덕분에 이 책은 한층 더 아름다운 한국어로 완성되었으며, 그로 인해 저의 의도가 한국 독자들에게도 명확하게 전달될 수 있었습니다. 또한 출판을 맡아 준 박영사와 모든 관계자 여러분께 깊은 감사를 드립니다. 특히 기획과 마케팅을 맡은 최동인 대리님과 편집을 맡은 김용순 과장님께 감사드립니다. 두 분의 전문성과 세심한 피드백 덕분에 출판 과정이 순조로웠습니다.

세월이 흐르며 깨달은 것은, 오래도록 기억되는 리더는 직함이나 지위로 남는 사람이 아니라는 사실입니다. 마야 안젤루(Maya Angelou)의 말처럼, "사람들은 여러분이 한 말을 잊을 수도 있고, 한 일을 잊을 수도 있지만, 그들에게 남긴 감정은 결코 잊지 않습니다." 따뜻한 한마디, 정직한 결정, 타인을 위한 조용한 희생—이러한 행동이야말로 진정한 유산을 만듭니다. 정직, 겸손, 용기, 연민. 이 네 가지는 리더의 마음을 이루는 본질이며, 언제나 우리를 이끄는 나침반입니다.

저는 자주 딸을 떠올립니다. 제 딸은 누구보다 가까이에서 저를 지켜봅니다. 제 딸에게는 제 이력서나 제가 이끌었던 팀의 규모가 중요하지 않습니다. 대신 제가 사람들에게 어떻게 말하고, 약속을 어떻게 지키며, 공적인 자리와 사적인 자리에서 같은 모습으로 살아가는지를 바라봅니다. 제 딸의 눈을 통해 저는 진실을 봅니다. 리더를 만드는 보이지 않는 힘은 가정에서 시작되며, 그것은 성취로 평가되는 것이 아니라 인격의 일관성으로 증명됩니다. (가끔은 제 영어 발음을 바로 잡아 주기도 합니다.)

여러분이 읽은 이야기들은 정답을 제시하기 위한 것이 아니라, 스스로를 돌아보는 여백을 열기 위한 것입니다. 저는 여러분이 이 이야기들을 여러분의 삶 속으로 가져가서, 자신의 경험에 비추어 시험해 보시기를 바랍니다. 그리고 스스로에게 물어보시기 바랍니다.

내 리더십 속에 마음은 어디에 있는가?
나를 신뢰하는 이들을 위해 나는 어떻게 서 있는가?
오늘 나는 어떤 유산을 남기고 있는가?

마음으로 이끄는 리더십은 CEO나 장군, 혹은 고위 경영자들만의 것이 아닙니다. 그것은 어떤 자리에서든 정직과 겸손으로 이끌기를 선택한 모든 분들에게 주어진 길입니다. 우리는 각자 다른 방식으로 리더십을 정의하고, 저마다의 언어로 성공을 만들어 갑니다.

이제 이 책을 내려놓는 이 순간, 저는 여러분을 다시 시작의 자리로 초대합니다. 이번에는 조금 더 깊은 자각과 함께 말입니다. 제가 본문에서 인용했던 것처럼 랠프 월도 에머슨(Ralph Waldo Emerson)은 그의 유명한 시에서 "매일 매일이 한 해 중 가장 최고의 날임을 마음에 새겨라."라고 썼습니다.

매일의 아침은 마음으로 살아갈 새로운 기회입니다. 모든 결정은, 아무리 작더라도 세상에 흔적을 남길 수 있는 기회이며, 모든 만남은 힘이 아닌 진정성으로 이끌 수 있는 순간입니다. 그리고 하루가 저물 때마다 우리는 어제가 남긴 가르침을 따라 인생의 돛을 다시 조율하며 나아갑니다.

리더를 만드는 보이지 않는 힘은 이미 여러분 안에 존재합니다. 이제 남은 질문은 단 하나입니다.

오늘, 여러분은 어떤 리더로 살아가시겠습니까?

저자 소개

제임스 신(James Shin, 신종석)

제임스 신(James Shin)은 세계에서 가장 복잡한 시장 환경 속에서 25년 넘게 지속 가능한 성장을 이끌어 온 글로벌 경영자이자 컨설턴트, 그리고 리더십 사상가이다. 그는 전략을 내다보는 통찰과 큰 그림을 읽는 시야로 잘 알려져 있으며, 운영의 탁월함과 인간 중심의 리더십은 서로 대립하는 가치가 아니라 깊이 연결된 하나의 체계라는 신념을 바탕으로 활동해 왔다.

그는 Blue Koi Global Partners LLC의 창업자이자 CEO로서, 글로벌 기업들을 대상으로 공급망, 조달, 제조, 엔지니어링 혁신 분야의 전략 자문을 제공하고 있다. 그의 접근 방식은 치밀한 분석력과 현장에서 체득한 실천적 통찰을 결합한 것이 특징이다. 이를 통해 리더들이 복잡한 상황을 단순화하고, 명확한 방향과 목적의식을 갖고 의사결정을 내리도록 돕는다.

그는 Caterpillar Inc.에서 약 20년간 재직하며 글로벌 프로젝트와 해외 주요 보직을 맡아 조직 변화를 이끌었다. 이후 Cabinetworks Group에서 공급망 및 조달 부문 부사장, Optimas Solutions에서 전략 소싱 및 공급망 부문 부사장, Mercury Marine과 Brunswick Corporation에서 간접 조달 부문 매니징 디렉터를 역임하는 등 여러 글로벌 기업에서 최고위급 임원으로 활동했다.

학문과 현장을 아우르는 리더로서 그는 펜실베이니아 주립대학교(The Pennsylvania State University)에서 산업공학 박사 학위를 받았다. 그의 글은 리더십, 의사결정, 그리고 일의 인간적 측면이 만나는 지점에서 직접 부딪히며 얻은 경험을 바탕으로 한다. 그는 성과를 확장하면서도 자기 자신을 잃지 않는 리더를 길러 내는 데 집중해 왔다.

현재는 공급망 및 조달 분야의 AI 스타트업을 멘토링하고 있으며, 리더십, 진정성, 연민, 현내 경영자의 내적 여정을 주제로 팟캐스트와 강연 활동을 활발히 이어 가고 있다.

미국 텍사스주 휴스턴에서 아내와 딸과 함께 생활하면서 요리, 음악, 드로잉, 사진 등 창작 활동을 통해 일과 삶의 균형을 찾고 있다.

역자 소개

신재훈

2026년 3월 현재 자산운용사 대표이자 이화여자대학교 경영대학 겸임교수로 활동하고 있다. Accenture, SK네트웍스, 삼성SDS, 글로벌세아에서 근무하며 전략, IT, 제조, 금융, 공공 영역을 아우르는 경영 현장을 두루 경험했다. 서울대학교 경영학과를 우등으로 졸업하고 같은 대학원에서 경영학 석사를 취득했으며, 미국 The University of Chicago에서 MBA 학위를, 서강대학교에서 경영학 박사 학위(경영전략 전공)를 받았다.

Accenture(舊 Andersen Consulting)에서는 다수의 제조기업을 대상으로 IT 기반 경영컨설팅을 수행했고, SK네트웍스(舊 ㈜선경)에서는 종합상사 전사 정보전략 마스터플랜 수립과 실행을 주도적으로 추진했다. 삼성SDS 재직 시에는 공공·제조·금융 분야의 전략 및 디지털 전환 프로젝트를 수행했으며, 그룹 전략인재로 선발되어 시카고대 MBA 과정을 이수했다. 이후 전략기획팀장과 마케팅팀장을 거치며 비전 및 중장기 전략 수립과 전사 마케팅을 총괄했고, 6시그마 기반 영업혁신과 사업관리 체계를 구축했다. 삼성전자 사업팀장, 신규사업추진팀장 등을 역임하며 Smart Manufacturing, Smart Hospitality & Building 등 신사업을 이끌었고, Staff와 Line 조직을 모두 경험했다.

글로벌세아에서는 그룹 미래전략을 총괄하며 전략, 재무, 인사, 홍보 기능을 통합 관리했고, 계열사 성과관리와 투자 의사결정을 주도했다. 중장기 성장전략 수립과 M&A 및 신규사업 개발을 추진했으며, 세아STX엔테크 대표이사를 역임했다.

정부 부처의 산업 · 기술 정책 자문위원으로 활동했으며, IT 서비스 산업과 디지털 전환 분야의 정책 · 연구 프로젝트에 참여해 왔다. 정보관리기술사 자격을 보유하고 있으며, 전략과 디지털 기술의 융합을 통한 비즈니스 모델 혁신을 주요 연구 주제로 삼고 있다.

주요 논문으로는 『성과창출형 전략을 위한 통합모델에 관한 연구』, 『패션산업의 디지털 트랜스포메이션 전략에 관한 연구』 등이 있으며, 저서로는 『비욘드 시네마』(2025), 『비욘드 스트래티지』(2023), 『야구보는 CEO』(2009, 공저) 등이 있다. 2025년 2월부터 주간지 『이코노미 조선』에 <시네마 경영>을 주제로 영화로 배우는 경영전략 칼럼을 연재하고 있다.

리더를 만드는 보이지 않는 힘

초판발행 2026년 3월 10일

지은이 James Shin
옮긴이 신재훈
펴낸이 안종만·안상준

편 집 김용순
기획/마케팅 최동인
표지디자인 BEN STORY
제 작 고철민·김원표

펴낸곳 (주) 박영사
서울특별시 금천구 가산디지털2로 53, 210호(가산동, 한라시그마밸리)
등록 1959. 3. 11. 제300-1959-1호(倫)
전 화 02)733-6771
f a x 02)736-4818
e-mail pys@pybook.co.kr
homepage www.pybook.co.kr
ISBN 979-11-303-9800-6 93320

정 가 13,000원